강원국의 어른답게 말합니다

품격 있는 삶을 위한
최소한의 말공부

강원국의
어른답게 말합니다

강원국 지음

웅진 지식하우스

개정판을 펴내며
어른답게 홀로서기

과분한 대접을 받았다. 고맙게도 10만 독자의 선택을 받았다. 출간 후 지난 3년 동안 '어른다움'에 관한 질문을 많이 받았다. 나는 어른답게 살고 있는지, 나의 말은 어른스러운지 스스로에게 묻고 또 물었다.

어른다운 어른이 없다

우리 사회에는 어른이 없다. 어른다운 어른이 없는 시대다. 그러다 보니 젊은이는 어른을 꿈꾸지 않는다. 어른처럼 살고 싶지 않다. 어른에게 배우려 하지 않는다. 어른 역시 어른 노릇 하기 힘들다. 어른으로 대접받고 싶지 않다. 그럼에도 우리 사회는 어른이 필요하다. 더 많은 어른의 출현을 고대한다.

어른으로 홀로서기

나는 과연 어른인가. 어른답게 살아왔는가. 그렇지 못했다. 하지만 살아오면서 어른이 되어야 한다고, 어른으로 홀로 서야 한다고 느낀 적은 몇 차례 있었다.

대통령 연설비서관으로 일할 때, 내가 쓴 연설문 초안에 대해 대통령께서 말씀하셨다. "딱히 흠잡을 데가 없습니다. 하지만 썩 마음에 들지도 않습니다." 나는 떠날 때가 됐다고 생각했다. 대통령의 생각을 잘 듣고 읽어서 초안을 쓰는 게 내 역할이었다. 흠잡을 데가 없다고 하셨으니 내가 할 수 있는 최선의 수준에 이른 것이다. 마음에 드는 것까진 내 역량 밖의 일이었다. 내 겐 그런 능력이 없었다. 나의 한계를 절감했다.

청와대를 나와 기업에서 회장의 말과 글을 쓰고 다듬는 일을 하던 어느 날, 회장 말씀이 못마땅하게 들렸다. 회장비서실이라는 달콤한 그늘에서 회장 말씀을 금과옥조로 여기며 살던 내게 그 말이 고깝게 들리기 시작했다. 회장 말씀에 나도 모르게 토를 달고 있었다. 남의 말을 잘 들으며 살았던 내가 이젠 듣기를 멈추고 말하고 싶어진 것이다.

어른은 나누고 베푸는 사람이다

직장에서 나를 써주질 않을 즈음, 나는 자립해야 했다. 나이 쉰 살, 나는 진짜 어른으로 가족을 부양해야 했다. 그러나 할 줄 아는 게 없었다. 쉰 살의 나는 어른이 아니었다. 월 2백만 원도 내 손으로 벌 수 없는 초로의 중년이었을 뿐이다.

그 무렵 문득 노무현 전 대통령의 말씀이 떠올랐다. "소수가 누리는 것을 다수가 누리게 되는 게 역사의 진보입니다. 당신은 청와대에서 8년씩이나 일했으니, 당신이 보고 듣고 배운 걸 많은 사람과 공유하세요. 그게 당신의 의무입니다. 그렇지 않으면 당신은 특권을 누린 것입니다."

나는 날마다 조금씩 성장한다

어른은 나누고 베푸는 사람이다. 누군가에게 보탬이 되는 사람이다. 그러기 위해 공부하고 스스로 성장한다. 배우고 익혀서 자신부터 홀로 선다. 나아가 보고 듣고 읽고 겪어본 것을 다른 사람에게 알려준다. 어른다운 말을 한다.

어른은 읽기, 듣기만 하지 않고 말하고 쓴다. 정체하지 않고 성장하고, 소비할 뿐 아니라 생산한다. 소유보다는 공유를 즐긴다. 남을 이기려고 경쟁하기보다는 남과 더불어 협력하는 삶을 산다. 나는 아직 어른이 아니다. 어른이 되지 못했다. 하지만 점점 어른스러워지고 있는 건 틀림없다. 나는 날마다 조금씩 성장한다.

2024년 가을
과천 카페에서
강원국

프롤로그
말 많은 세상, 말 같은 말이 없다

쉰 살까지 절반은 입을 닫고 살았다

중고교 시절의 나는 말을 잘하는 편이 아니었다. 유창하게 말해야 할 일이 없기도 했지만, 그저 잘 들으면 됐다. 대학 때도 마찬가지였지만 졸업 논문 발표만큼은 피할 수 없었다. 떨림을 숨기고 싶은 마음에, 발표 직전 화장실에 가서 몰래 담아 온 술을 벌컥 들이켰다. 발표는 무사히 치렀지만 "너는 어제 뭔 술을 그렇게 마셨냐?"는 교수님 말씀을 들어야 했다.

회사 다닐 적엔 조별 토론이 무서웠다. 운이 나쁘면 발표까지 해야 했기 때문이다. 3분 스피치를 할 자신이 없어 승진 대상자 교육에 들어가지 않아 가혹한 불이익을 당하기도 했다.

그저 밝은 말귀로 회사생활을 했다.

10년 남짓 말 배우는 견습생으로 살았다

말을 제대로 배우기 시작한 것은 김우중 회장을 모시면서부터였다. 그분의 연설문 초안을 쓰기 시작했고, 그 일은 김대중, 노무현 대통령과의 인연으로 이어졌다. 내가 쓴 말씀자료와 대통령의 실제 말을 비교하며, 또한 연설문 첨삭지도를 받으며, 말을 공부했다. 말을 잘한다는 것은 무엇인지, 말을 잘하려면 어떻게 해야 하는지를 깨달았다.

7년 동안 말로 먹고 살았다

『대통령의 글쓰기』를 출간한 2014년부터 메모하고 기고하고 책을 쓰며 산다. 쓰다 보니, 쓰기는 결국 말하기 위함이라는 사실을 알게 됐다. 미리 써놓아야, 써봐야 대화하고 발표하고 방송하고 강연할 수 있다. 그런 습관은 이제 일상이 되었다. 친구 만나러 가는 길에 무슨 말을 할지 생각하고, 강의를 앞두고는 한두 시간 일찍 카페에 가서 머릿속으로 말해본다. 누군가와 커피를 마시거나 밥을 먹고 집에 돌아오는 길에 말을 되돌아본다. '내가 오늘 무슨 얘기를 했지?', '하지 말아야 할 얘기를 하지는 않았나?', '말했으면 좋았을 것을 빠트린 건 없나?' 하고 말이다.

말의 한계가 그 사람의 한계다

누구나 말을 한다. 그러나 제 나이에 맞는 말을 배우고 연습하는 사람은 드물다. 학교에서도 가정에서도 직장에서도 말을 가르치지 않는다. 그런데 의문이다. 어른이 된다고 어른답게 말하는 법을 알게 될까? 혹시 몸은 마흔 살, 쉰 살이 되었는데 말은 이삼십 대에 머물러 있지는 않은가? 말도 자라야 한다. 어른은 어른답게 말해야 한다. 말하기에 자신이 없다면, 존중받기를 바란다면 어떻게 말해야 할까.

첫째, 오락가락하지 않아야 한다. 머릿속 생각과 내뱉는 말이 따로따로이면 안 된다. 어제 한 말과 오늘 한 말이 일관되어야 한다. 그러기 위해서는 진심을 말해야 한다.

둘째, 배울 점이 있어야 한다. 어른의 말은 적게 말하면서 많은 것을 들려준다. 천방지축 끼어들고, 참견하고, 가르치려 들지 않는다. 본보기가 되어 남들에게 선한 영향력을 끼친다. 위로와 용기와 깨우침을 준다. 얻을 게 하나도 없는 말은 '꼰대'의 잔소리가 된다는 사실을 알아야 한다.

셋째, 징징대고 어리광부리지 않는다. 감정을 절제해 의젓하게 말한다.

넷째, 나답게 말한다. 말이란 곧 나이기에 그렇다. 내 말이 소중하다고 믿고, 말이 거칠어지거나 투박해지지 않도록 끊임없이 주의를 기울인다. 더불어 내 말의 수준을 높이기 위해 부지런히 공부한다.

KBS 1라디오 〈강원국의 말 같은 말〉을 진행하면서, 말이 아름다운 사람이 진짜 어른다운 사람이라는 사실을 다시 한 번 확인했다. 2020년 2월부터 2021년 3월까지 방송된 원고에 새로운 내용을 추가해 이 책을 엮었다. 뜻깊은 기회를 만들어준 서승표 피디, 김진이 작가, 유지원 아나운서에게 각별한 감사 인사를 전한다.

2021년 여름 초입에
강원국

차례

개정판을 펴내며 **어른답게 홀로서기**
프롤로그 **말 많은 세상, 말 같은 말이 없다**

1장

**말거울에 나를
비춰봅니다**

낙타와 사자 그리고 어린아이	19
별처럼 빛나는 삶	23
아내는 왜 사표를 냈는지 묻지 않았다	26
말재주보다 우선해야 할 것	28
진정성의 필요충분조건	31
아버지의 평생 존댓말	34
부탁을 거절할 때 지켜야 할 것들	37
해결사를 자처하지 마라	40
배려하는 말은 아름답다	44
'때문에'를 '덕분에'로 바꾸면	48

2장

**어른답게
존중하고
존중받습니다**

말 잘하고 싶다고? 자신을 믿어라!	55
때론 나도 외치고 싶다 "이의 있습니다!"	58
근거 있는 낙관주의자가 되라	61
아이의 말은 강물과 같아서	64
내 말은 여전히 자라고 있다	68
구설수는 세상이 보내는 경고	71
실력 없이 가르치려 들지 마라	75
평등하게 말할 수 없는 세상에서	79
말은 반드시 돌아온다	82
당신은 어떻게 불리길 원하는가	86
말에도 거리두기가 필요하다	89

3장

유연하게 듣고 단단하게 답합니다

할 말이 떠오르지 않을 때 하는 말	95
칭찬받는 칭찬법	98
어휘의 한계가 내 세상의 한계	102
재미에 의미를 더하는 법	106
"그래서 하고 싶은 말이 뭡니까?"	109
밑져야 본전, 선수 치는 말하기	112
틀에 박힌 말을 무시하지 마라	115
어떤 말은 삼킬 때 오히려 완성된다	118
전달력을 높이는 위트의 힘	121
말 잘하는 사람은 7가지를 맞춘다	124
관찰이 차이를 만든다	127

4장

말을 비우고 대화를 채웁니다

들어주는 것을 넘어 상대의 말을 끌어내라	133
좋은 사람의 말투를 닮아간다	136
더러는 실없어도 괜찮아	139
3가지를 준비하고 3가지를 조심하라	142
유머는 둘이 치는 손뼉	144
'인싸'가 되고 싶은 당신을 위해	148
첫마디는 힘 빼고 담백하게	151
내 몸짓은 무슨 말을 하고 있나	154
말의 선명도를 낮추는 5적	157
말실수를 줄이려면	160
간결하게 말합시다	164

5장

일의 본질을 잊지 않습니다

목표를 공표하라	169
상대에 따라, 물을 담듯이	172
시간을 아껴주는 보고의 정석	176
리더는 거저 만들어지지 않는다	181
질책에도 '격'이 있다	184
나를 알고 너를 알면 백전불태	187
조직에서 살아남는 사람들	190
뒷북보다 선공이 낫다	193
요약 잘하는 사람은 손해 보지 않는다	196
회의가 두려운 당신에게	199
협업에 필요한 소통의 법칙	202
비서처럼 생각하고 비서같이 말하라	205

6장

입장이 아닌 이익으로 설득합니다

존재 자체가 설득력이다	211
카산드라를 위한 조언	215
말은 재능이 아니라 기술이다	218
원하는 걸 얻는 협상의 기술	221
울렁증 잠재우는 법	226
논리의 마법사가 되려면	229
숫자는 양날의 칼처럼 다룬다	234
기억에 오래 남는 말의 비밀	238
레이건 대통령의 전략적 말하기	241
목소리도 가꿔야 한다	244

7장 ○

**말보다
나은 삶을
살아갑니다**

어쩐지 믿음이 가는 사람의 말	**249**
다 잘할 필요는 없다	**252**
말은 듣는 사람의 것이다	**256**
버릇처럼 하는 말이 삶을 바꾼다	**259**
유튜버가 될 수 있는가	**262**
이 하루가 고맙지 않을 이유가 없다	**265**
혼잣말은 힘이 세다	**268**
독서와 말하기는 한몸이다	**271**
변화하는 세상의 화법을 주시하라	**274**
말공부도 예습 복습이 필요하다	**277**

에필로그 말공부에는 마침표가 없다

1장

말거울에 나를 비춰봅니다

낙타와 사자
그리고 어린아이

우리 집에는 낙타와 사자와 어린아이가 산다. 니체가 말한 인간 정신의 3단계 변화 과정인 낙타의 단계, 사자의 단계, 어린아이의 단계에 있는 세 사람이 산다. 낙타는 사막에서 무거운 짐을 지고 아무런 불만도 없이 주인의 말에 복종하며 살고, 사자는 주도적이고 자유롭지만 늘 싸워야 하고, 어린아이는 있는 그대로의 자신을 받아들이고 인생을 즐긴다.

나는 낙타다. 아내가 사자다. 아들이 어린아이다. 발전 과정과 정반대다. 나이가 가장 많은 내가 첫 단계이고, 가장 젊은 아들이 마지막 단계를 살고 있다.

나는 복종하며 산다. 그렇게 살았다. "싫어요", "못해요"라는 말을 안 하거나 못 하며 살았다. 싫다고 하면 사람들이 싫어할까 봐, 못한다고 하면 무능해 보일까 봐. 싫어도 좋은 척, 어려워 보이는 일도 할 수 있는 체하며 살았다. 사람들은 내게 "너는 할 수 있다"라고 했다. 그렇게 봐주는 사람들이 고마웠다. 그들을 실망시키고 싶지 않았다. 그렇게 봐준 그들이 맞았다는 걸 증명해 보이고 싶었다. 좀 버거워도 "할 수 있습니다. 해볼게요" 하면서 살았다. 사실은 내 실체가 들통나는 게, '일을 싫어하고, 못하는 사람'이라는 본색이 탄로 나는 게 두려웠다. 그래서 열심히 기대에 부응하며 살았다.

지금까지 나는 누군가를 따르고, 본받고, 흉내 내며 살았다. 그의 모든 말은 옳았다. 그처럼 말하고 싶었다. 그와 나의 경계가 없었다. 나는 그이고 싶었다. 나와 그를 동일시했고 그와 나는 일체가 됐다. 나는 그가 원하는 걸 누구보다 잘 알았다. 그가 원하는 걸 잘해낼 수 있었다. 그의 말도 내 말처럼 쓸 수 있었다. 그가 잘되는 게 내가 잘되는 거였다.

초등학교 시절에는 친구 중에 그가 있었고, 중고등학교 때는 선생님 가운데 있었다. 결혼해서는 아내라는 그가 생겼다. 대우에 몸담았을 때는 김우중 회장이 있었고, 청와대에서 일할 때는 김대중, 노무현 대통령이 그였다. 아니, 나였다. 그런 내게 나는 없었다. '무아지경' 상태였다. 자아가 없는 상태는 평화롭다. 누군가와 겨루지 않는다. 비교할 대상이 없다. 마음이 평화롭다. 나는 낙타처럼 묵묵히 사막을 건넜다. 무릎 꿇고 짐을 싣고 무릎 꿇고 짐을 내렸다.

아내는 다르다. 하고 싶은 말은 다 하며 산다. 직장에서 잡지를 만들 때, 제목을 고치라는 상사의 말을 아내는 단호하게 거부했다. 상사가 급기야 "네가 상사 해라"라며 원고를 던지자 "상사가 되기 전에 먼저 인간이 돼라"라고 되받았다. 아내는 내가 뒷감당하겠다는데, 왜 하고 싶은 말을 못 하고 사느냐고 얘기한다. 생각해보니 맞다. 나는 다른 사람의 말을 써주면서 살아왔기에 그 말의 뒷감당을 할 수 없었다. 내가 쓴 글이지만 내 말이 아니기에 책임질 수 없었다. 그래서 늘 조마조마했다. 아내는 다르다. 자기 말이다. 자신이 책임지면 된다. "인간부터 돼라"라고 일갈한 뒤 상사에게 찍혀 승진에서 물은 먹었지만, 한 번도 그 일을 후회하지 않는다고 했다.

아내는 또한 "나는 뒤끝 없는 사람이다"라고 말한다. 당연하지 않은가. 그렇게 속에 있는 말을 원도 한도 없이 다 퍼붓는데 뒤끝이 있는 게 이상한 일 아닌가. 뒤끝은 그 말을 들은 사람, 나같이 하지 못한 말이 찌꺼기로 남았을 때 있는 것 아닌가. 그래서 구시렁거리는 것 아닌가.

아들은 우리 집에서 가장 어른스러운 어린아이다. 30대 중반에 가장 행복하게 산다. 나는 아들이 고교 2학년이던 그날을 기억한다. 새벽 2시, 아들은 소파에 앉아 땅이 꺼져라 한숨을 내쉬고 있었다. 다음 날이 중간고사 수학 시험인데, 공부하지 않았다며 눈물까지 글썽였다. 나는 아들에게 말했다. "할 수 있는 만큼만 해라. 그렇게 해서 결과가 좋지 않아도 엄마, 아빠는 실망하지 않는다. 너는 너다. 너답게 살면 된다." 그날 이후 아들은 공부에서 자유로워졌다. 편히 잠자리에 들고 맛있게 밥을 먹었다. 아무리 늦게 일어나도 식사를 거르지 않았다. 누구와 다투지도, 누구에게 잘 보이려고도 않는다. 모르면 모른다고 하고, 할 수 없으면 못한다고, 싫으면 싫다고 말한다. 하루하루 근심 걱정 없이 행복하게 산다. 그러면 됐다.

나도 이제 아들처럼 살고 싶다. 어린아이가 되고 싶다. 있는 그대로 보고, 할 수 있는 만큼 말하며 나답게 살고 싶다.

별처럼 빛나는 삶

 세상에는 두 부류의 사람이 있다. 스스로 빛을 내는 사람과 남의 빛을 받아서 사는 사람이다. 사람은 누구나 스스로 빛을 내는 별 같은 존재로 태어난다. 그러나 자신이 어떤 빛을 가지고 태어났는지 모르거나 빛을 감추고 살아간다.

 나는 직장생활을 하는 내내 빛을 드러내지 않았다. 내가 가진 빛이 보잘것없다고 여겼다. 그것을 들킬까 봐 불안했다. 나를 드러내지 않는 게 안전하고 유리했다. 내가 속한 조직은 '나 여기 있다', '내가 이런 사람이다', '나 좀 봐달라'며 자기 빛을 드러내는 사람을 좋아하지 않았다. '나댄다', '튄다'라고 나무랐다. 저 위에 있는 분이 내 존재를 알고 나를 인정해주면 바로 위 상사가 싫어했다. 당연하다. 내가 존재감을 과시하는 건 그에 대한 도전이고, 그에게 그만한 위협은 없으니까.

나는 가급적 말하지 않았다. 말을 삼가는 것으로 빛을 드러내지 않았다. 말은 대답만 했다. 묻는 것에 반사하는 대답은 빛을 발하는 게 아니다. 받은 빛을 되쏘는 일이다. 질문한 사람이 내게 말 한번 해보라고 허락한 것이고, 나는 그에 따를 뿐이다.

말의 무대는 질문과 대답으로 이뤄진다. 질문이 주역이고, 대답은 조연이다. 때로 빛나는 대답이 질문을 능가하기도 하지만, 칼자루는 질문하는 이가 쥐고 있고 대답하는 사람은 칼날을 잡고 있다. 선수는 질문이 쥐고 있고, 대답은 후수를 둬야 한다. 질문이 끌고 간다. 대답은 따라가고 끌려간다. 대답은 질문의 궤도를 벗어나지 못한다. 대답은 질문에 종속되고 억압당한다.

질문을 받는 순간 나는 말의 시험대에 오른다. 질문한 사람이 정한 종목으로, 질문한 사람의 운동장에서 경기를 펼쳐야 한다. 대답하는 사람은 늘 불리하다. 무엇을 물을지 알 수 없다. 대답이 좋으니 나쁘니, 옳으니 그르니 평가하는 것도 질문한 사람이다. 질문한 사람이 보기에 대답을 잘한 사람, 시킨 일에 응답을 잘한 사람이 경쟁에서 살아남는다. 빛을 되쏘며 사는 사람은 질문한 사람의 울타리 안에서 대답 경쟁을 하며 살아간다.

직장을 나와서는 스스로 빛을 내며 산다. 내 빛을 보여주지 않으면 먹고살 수가 없다. 빛을 되쏴야 돈을 받을 텐데 그런 빛을 주는 사람이 없다. 지금 내게는 직장이라는 후광이 없다. 스스로 빛을 내야 한다. 나는 사람들이 묻지 않은 걸 대답한다. 내가 묻고 답한다. "혹시 이런 것 궁금하지 않으세요?" "이런 문제가 있는지 알고 계세요?" "이래서 힘들지 않으세요?" 내가 묻는다. 그리고 대답한다. 남이 아닌 내가 질문하고 내가 답한다. 질문하기 위해 생각한다. 대답하기 위해 공부한다. 공부할수록 더 궁금해진다. 그래서 또 묻는다.

스스로 빛을 내는 발광체로 살기 위해서는 그 빛을 받아주는 반사체가 필요하다. 다행히 내게는 아내라는 훌륭한 반사체가 있다. 받아주는 성능이 뛰어나다. 반사체로서 역할을 잘하려면 자존감이 높아야 한다. 자존감 높은 사람은 남의 말을 잘 들어준다. 남의 질문에 움츠러들지도 않는다. 하지만 너무 월등하거나 잘난 체하지 않아야 한다. 그래야 묻는 사람이 주눅 들지 않고 질문할 수 있다. 아내는 그런 조건을 딱 갖췄다.

나는 늘 아내에게 묻는다. 그리고 내 생각을 말한다. 내가 쓴 글을 보여준다. 아내의 피드백을 받는다. 나는 스스로 빛을 낸다. 별처럼 산다.

아내는 왜 사표를 냈는지 묻지 않았다

아내는 내 말을 건성으로 듣는다. 맞장구치고 리액션을 해가며 듣지 않는다. 듣는 둥 마는 둥 무심히 듣는다. 하지만 진심으로 듣는다. 이게 무슨 말인가.

직장생활을 25년 하면서 사표를 아홉 번 썼다. 그때마다 아내에게 먼저 말했다. 아내는 왜 사표를 내는지 묻지 않았다. "그만둘 만하면 그만둬야지." 짧게 말했다. 오죽하면 그만둘까 생각했던 듯하다.

귀로 듣는 게 잘 듣는 것일까? 혹은 시간을 내 들어주면 잘 듣는 것일까? 아니다. 마음으로 들어줘야 잘 듣는 것이다. 마음으로 듣는다는 것은 무엇일까? 말하는 사람의 심정과 처지에서 듣는 것이다. 듣고 나서 자신이 해줄 수 있는 일을 찾아 해주고, 그것을 생색내지 않는 것이다.

나는 직장 초년생 시절 그렇게 마음으로 들어주는 상사를 만나는 행운을 누렸다. 그분은 내 말을 듣고 나면 늘 칭찬해주고, 부족한 부분을 채워주었다. 그렇게 빈틈을 보완해볼 기회를 줬다. 내 말대로 해서 문제가 생겼을 때는 책임을 져주고, 잘됐을 때는 공을 나눠주었다. 나는 그분 울타리 안에서 마음껏 말했다. 말할거리를 찾아 공부하고 상상했다. 친구들과의 저녁 술자리에서 좋은 정보를 듣거나, 귀갓길에 좋은 아이디어가 떠오르면 가장 먼저 그분이 생각났다. 어서 얘기를 들려드리고 싶어 아침이 기다려졌다. 출근하는 발걸음이 가볍다 못해 날아갈 듯했다. 그렇게 함께했던 시간이 참 행복했다.

나도 아들의 말을 그렇게 들으려고 노력하지만 쉽지 않다. 들어주기보다는 가르치고 싶은 마음이 앞선다. 아들의 말을 자르고 끼어들기 일쑤다. 아들에게 도움이 될 거라 생각하기 때문이다. 그것이 아비의 마음이라 여기지만, 사실 내 입장이다. 그럴 때면 나의 옛 상사와 아내를 생각한다. 아들의 처지에 서본 뒤 내가 하고 싶은 말보다 해줄 수 있는 일을 생각하려 애쓴다.

말을 잘 듣는다는 것은, 참으로 어려운 일이다. 나이를 먹을수록 더욱 그렇다.

말재주보다
우선해야 할 것

하버드 경영대학원의 에이미 커디 교수에 따르면 첫인상을 좌우하는 두 가지 요소가 있다. 사람들은 첫 만남에서 따뜻함과 유능함으로 상대방을 판단한다는 것이다. 이 가운데 더 중요하고 우선하는 것은 따뜻함이고, 따뜻함으로 먼저 신뢰를 얻어야 비로소 유능함에 대한 평가가 이뤄진다고 한다. 그러므로 신뢰관계가 형성되지 않은 상태에서 지나치게 능력을 뽐내면 도리어 역효과를 불러올 수 있다. 타인의 능력은 위협이 될 수 있기 때문이다.

커디 교수가 동료 심리학자들과 15년 넘게 진행한 연구 결과라고 하니 믿음이 갔다. 또한 이 연구 결과는 평소 내가 궁금하게 생각해온 주제, 왜 우리는 '말재주'라는 단어에 거부감을 느끼는가에 대한 답을 제시해주었다.

누군가 "당신은 말재주가 참 좋아"라고 하면 어떤 기분이 드는가? 나는 솔직히 기분이 좋지 않다. 칭찬할 의도였다고 하더라도 말이다. 나만 그랬던 것은 아니다. 노무현 대통령은 그 말에서 모욕감을 느낀다고 했다. 임기 초반 진행했던 '검사와의 대화'에서 어느 검사가 대통령에게 '토론의 달인'이라며 비아냥거리듯 말하자, 대통령은 "그 말에는 저를 말재주나 부리는 사람으로 비하하는 뜻이 들어 있습니다"라며 불쾌해했다.

이처럼 '말재주가 있다'라는 말은 '언변이 좋다'라는 말과 함께 좋은 의미로만 쓰이지는 않는다. 진실하지 못하고 임기응변에 능하다, 꼼수와 잔재주를 부린다는 뜻을 내포한다. 커디 교수 말을 빌리자면, 따뜻함은 없고 유능함만 있는 것이다. 확실히 부정적 어감을 담고 있다.

공자님도 이런 말씀을 남겼다. "좋은 말로 꾸며 다른 사람을 기쁘게 하거나 아첨으로 비위를 잘 맞추는 사람 중에 어진 사람이 드물다." 다시 말해, 말재주만 있는 사람은 어질지 못하다는 것이다. 공자님은 또 그런 사람에 대해 "재치 있는 말로 다른 사람과 맞서다가 자주 미움을 사니 말재주를 어디에 쓰겠는가"라고도 덧붙였다. 말재주 좋아야 소용없다는 말씀이다.

말재주는 뛰어나지 않아도 된다. 박식하지 않아도 되고, 청산유수 같지 않아도 된다. 심지어 말이 필요 없을 수도 있다. 상대를 위하는 따뜻한 마음이 있으면 된다.

진정성의
필요충분조건

 누군가와 대화하다 '이 사람 진실해 보여', '진심으로 하는 말 같아' 하는 느낌을 받으면 어쩐지 뭉클하다. 그런 느낌을 주는 강연이나 연설을 들을 때도 우리는 감동한다. 누군가의 말에 마음이 짠해진다면, 그건 진정성을 느껴서다. 만약 누가 당신에게 '진정성 있다'라고 말한다면, 그것은 최고의 찬사이다.

 진정성을 느끼게 하는 일은 값진 만큼이나 실행하기도 어렵다. 어떻게 해야 진정성이 느껴지게끔 말할 수 있을까?

 우선 솔직해야 한다. 숨기는 게 없어야 한다. 투명해야 한다. 가식과 꾸밈이 없어야 한다. '체'를 하거나 '척'을 하지 말아야 한다. 말이 곧 그 사람이어야 한다.

거짓이 없는 것만으로는 부족하다. 일관성이 있어야 한다. 어제 한 말과 오늘 하는 말이 다르지 않아야 한다. 이 사람에게 한 말과 저 사람에게 한 말이 같아야 한다. 머릿속 생각과 말이 일치해야 한다. 어려운 일이다.

무엇보다 말 속에 듣는 사람을 위하는 마음이 있어야 한다. 듣는 사람을 아끼는 마음이 담겨 있어야 한다. 내 말이 도움이 되었으면 하는 간절함이 있어야 한다. 도움이 되기 위해 말을 열심히 준비할 뿐 아니라 그것을 잘 전달하기 위해 최선을 다해야 한다. 결국 얼마나 공을 들이고 정성을 기울이느냐가 관건인데, 말이 쉽지 아무나 할 수 없는 일이다.

이게 끝이 아니다. 정성을 기울이는 것은 필요조건에 불과하다. 진정성을 느끼게 하는 충분조건은, 말을 들은 사람이 내 말에서 실제로 무엇을 얻어야 한다는 것이다. 내 말이 어떤 도움을 줬는가? 내 말을 듣기 전후가 어떻게 달라졌는가?

내 말에 용기와 위로를 얻었든, 새로운 지식이나 정보를 알았든, 새로운 관점이나 통찰을 떠올리든, 아니면 재미라도 있든, 무슨 도움을 받고 무엇을 얻게 됐는지가 중요하다. 정성껏 준비해 성심을 다해 전했지만, 결과적으로 듣는 이가 아무것도 얻지 못했다면 진정성을 느끼기 어렵다.

얼마 전 실업급여를 신청하는 아내를 따라 고용복지센터에

갔다. 앞 순서에 내 나이 또래의 남자가 상담을 하고 있었다. 30분을 훌쩍 넘게 기다렸다. 도대체 무슨 상담을 이리 오래 하나 싶어 창구 근처에 갔다가 대화 내용을 듣게 되었다. 남자는 문맹에 가까웠다. 상담 직원이 하나하나 설명해주면서 서류 작성을 돕고 있었다. 짜증날 법도 한데 싫은 기색은커녕 시종일관 미소를 잃지 않았다. 도움을 주고 싶어 하는 마음이 여실히 느껴졌다. 눈물이 핑 돌았다.

아버지의 평생 존댓말

두 사람은 우리 나이로 아흔하나. 1931년생 동갑이다. 20대 초반에 만나 평생을 함께해온, 그야말로 둘도 없는 죽마고우다. 사는 지역이 다른 두 사람은 하루도 거르지 않고 통화한다. 말하는 내용을 들어보면 그렇게 친할 수 없는데, 시종일관 존대를 한다.

두 사람은 처음 만난 날, 서로에게 말을 놓지 않기로 약속했다고 한다. 그리고 그 언약을 70년 가까이 지켜오고 있다. 지나는 말로라도 반말을 하지 않는다. 형식이 내용을 담는다고 했던가. 두 사람은 평생 싸운 적이 없다. 깍듯이 존대하면서 싸울 순 없는 노릇이다. 싸울 일이 있으면 말을 하지 않을 뿐, 언성을 높이는 일은 없다.

두 사람 중 한 분은 우리 아버지다. 다른 한 분 역시 내게는 아버지나 진배없다. 어릴 적부터 두 분이 늘 같이 계신 걸 보며 자랐다. 존댓말이 인성과 사회성, 언어능력을 키워준다는 연구 결과를 본 적이 있는데, 두 분을 보면 일리 있는 말 같다.

존댓말은 아무래도 반말에 비해 복잡하다. 따라서 쓰다 보면 언어능력이 발달한다. 상대를 존중하고 높여주는 말이기에 공감능력도 높인다. 존대는 또한 관계의 중요성을 염두에 둔다는 점에서 사회성도 키워준다. 싸움이나 갑질을 존댓말로 할 순 없지 않은가.

존댓말에 모두가 우호적인 건 아니다. 젊은 세대일수록, 편한 사이일수록 반말이 더 익숙하다. 노래 가사를 들어봐도 반말 일색이고, 자녀가 부모에게 높임말을 쓰지 않는 가정이 점점 늘고 있다. 거기에 예의범절 운운하면서 '동방예의지국'이나 '가정교육'을 거론하면 '꼰대' 소리를 듣기 십상이다. 사실 우리 사회에서 존댓말은 서열화의 도구로 사용되기도 한다. 고작 몇 달 먼저 태어났다고, 한 기수 먼저 입사했다고, 존대와 하대가 나뉘고 복종을 요구하니 말이다.

반말을 쓰면 얻게 되는 장점도 많다. 불필요한 서열화를 줄일 수 있고 수평적인 관계 형성에 도움이 된다. 물론 판단은 각자의 몫이다.

  나는 아버지를 닮아서인지 아무리 친해도 말을 잘 놓지 못한다. 상대가 어떻게 생각할지 몰라서다. 이 때문에 친해지는 데 시간이 오래 걸린다. 자기를 가깝게 생각하지 않는 것 같다고, 서운해하는 후배도 있었다. 그래도 여전히 나는 존댓말을 선호한다. 함부로 말해놓고 후회하느니 미리 조심하면서 사는 게 속 편하다. 심지어 한 살 아래인 아내에게도 하대하지 않는다. '사랑해'라는 말조차도 왠지 불경스러워 "사모합니다요"라고 말한다.

부탁을 거절할 때
지켜야 할 것들

 소심한 나는 거절을 잘 못했다. 너그러운 사람이라는 소릴 듣고 싶기도 했다. 학창 시절에는 이런 성격이 문제되지 않았다. 대단한 부탁을 받을 일도, 내게 그런 부탁을 하는 사람도 없었다.

 문제는 직장생활을 시작하면서 벌어졌다. 보증을 서 달라고 부탁받은 것이다. 신세를 많이 진 친척 어른의 부탁이었다. 거절할 수 없었다. 대출이 껴 있던 아파트를 담보로 리스회사에서 생산설비를 빌리는 데 필요한 보증을 섰다. 그러고는 1990년대 말 IMF 경제위기를 맞았다. 친척 어른의 사업은 부도가 났다.

 경매 예고장이 주기적으로 날아왔다. 며칠까지 밀린 리스료를 내지 않으면 경매에 들어가겠다고 겁을 줬다. 우편함을 보는 게 무서웠다. 당시 내가 받던 월급을 수십 년은 모아야 갚을 수 있는 빚이었다. 직장에 다니는 의미가 없었다. 꾸역꾸역 수년을 버텨 집을 지키긴 했지만 악몽이었다. 그때 이후 어떤 경우에도 보증은 서지 않는다. 뿐만 아니라 거절하는 배짱이 생겼다. 자연스럽게 부탁을 들어주는 기준도 만들어졌다.

첫째, 내 역량으로 들어줄 수 있는 부탁과 들어줄 수 없는 부탁을 구분한다.

둘째, 내 역량으로 들어줄 수 없는 부탁은 거절한다. 이런 거절은 두부모 자르듯 단호할수록 좋다.

셋째, 내 역량으로 들어줄 수 있는 부탁도 들어줄 사람과 그렇지 않은 사람으로 구분한다. 구분의 기준은 이렇다. 부모와 형제의 부탁은 되도록 거절하지 않는다. 내 부탁을 들어준 사람의 부탁도 거절하지 않는다. 하지만 들어주고 나중에 후회할 부탁은 거절한다.

넷째, 거절할 때 지킬 건 지킨다. 먼저, 부탁하는 내용을 충분히 듣는다. 즉답하지 않고 생각할 시간을 달라고 한다. 거절하는 이유를 상대가 아닌 내게서 찾는다. 상대가 재차 묻기 전 먼저 연락해 만나자고 한다. 만나서 거절할 수밖에 없는 이유를 설명하고, 부분적으로 들어줄 수 있는 건 없는지 또는 부탁을 들어줄 수 있는 다른 사람은 없는지 함께 상의한다. 헤어지기 전, 부탁하는 사람의 사정에 대한 안타까움과 부탁을 들어주지 못하는 미안함을 재차 표시한다.

끝으로, 누가 내게 이런 부탁을 했다는 뒷말을 삼간다.

해결사를
자처하지 마라

　결혼한 지 얼마 되지 않아 아내와 크게 싸운 적이 있다. 아내가 직장 상사와 대판 싸우고 집에 와서 속상해했다. 자초지종을 들어보니 아내에게도 문제가 있었다. 나는 판관이 되어 시시비비를 가리려고 했다. 나아가 상사와 화해하는 방법도 알려줬다. 내 딴에는 문제를 해결해주려고 한 것이다.

　아내의 반응은 의외였다. 상사를 향했던 총구가 나를 겨냥했다. "당신이 그러고도 남편이야? 당신에게 얘기한 내가 미쳤지." 나는 억울했다. 도와주려는 사람에게 왜 화를 내는지 도통 이해할 수 없었다.

한참 지나 우연한 기회에 신경정신과 의사인 친구와 술을 마시며 이 이야기를 했다. 친구가 되물었다. 아내가 왜 직장에서 싸운 얘기를 했을까? 자기 힘으로 해결하지 못하는 문제여서였을까?

아니다. 위로받고 싶어서였다. 하지만 나는 위로에 전혀 도움이 안 되는 말만 골라 했다. 아내는 문제를 해결해 달라고 내게 얘기를 꺼낸 게 아니었는데, 나는 해결사를 자처하고 나섰다. 나쁜 마음은 아니었다. 아내에게 도움이 되고 싶었다. 아내에게도 잘못이 있다는 것을 일러줌으로써 화가 좀 가라앉기를 바랐다. 그것이 아내 마음을 편하게 해주는 길이라고 생각했다. 하지만 그럴수록 아내는 더 불같이 화를 냈다.

"당신이 뭘 안다고 그래?"

여기서 한발 더 나아가 내 경험까지 얘기했다. 그보다 더 힘든 경우가 있었지만 나중에 다 풀리더라. 내 경우에 비하면 그런 일은 별 게 아니다. 아내를 위로하기 위해 더 리얼하게 당시 힘들었던 기억을 묘사해가며 열변을 토했다.

하지만 헛다리였다. 아내가 내게 기대했던 건 딱 한마디였다. "당신이 맞아. 나는 당신 편이야." 그리고 그 상사 욕을 함께해주면 됐을 일이다.

남의 고통과 어려움을 대신할 수 없듯이, 위로도 남이 대신

해줄 수 없다. 자기를 위로할 수 있는 사람은 자신밖에 없다. 결국 우리 모두는 자기 안에서 스스로 해법을 찾아야 한다. 타인은 다만 그것을 도울 뿐이다. 하지만 나는 그 방법을 잘 몰랐다. 어떻게 하면 좋았을까?

첫째, 인정해준다. 당신은 그런 감정을 느낄 만한 충분한 이유가 있다. 나는 당신의 그런 감정을 존중한다. 당신은 그런 대접을 받아서는 안 되는 소중한 사람이다.

둘째, 지지해준다. 당신은 혼자가 아니다. 내가 곁에 있어주겠다. 나는 언제나 당신 편이다.

셋째, 질문한다. 어떤 마음이 드는지 물어봄으로써 자신의 감정을 스스로 알고, 하고 싶은 말을 할 수 있는 기회를 준다.

넷째, 들어준다. 들어줌으로써 스스로 감정을 풀 수 있도록 도와준다.

고등학교 3학년 때와 회사에서 과장 직급을 달고 있던 시기에 신경정신과를 찾은 적이 있다. 고등학교 때는 강박증으로, 회사에서는 우울증으로 힘들었다. 담당 의사가 해준 것은 질문하고 들어주는 게 전부였다. 나는 말하면서 내가 느끼고 있던 감정을 확인했다. 그리고 말하는 것만으로 맺힌 것이 풀리고 치유되는 경험을 했다.

혹시 아내가 시댁 식구 험담을 하거나 남편이 처가 뒷담화를 하거든 그냥 들어주자. 응어리와 화가 풀릴 때까지. 자기 말의 수렁에 빠진 사람은 누구도 건져줄 수 없다. 스스로 빠져나오길 기다리는 수밖에.

배려하는 말은
아름답다

　추석이나 설날이면 대통령이 국민에게 인사말을 한다. 이때 빼놓지 않는 이들이 있다. 군인, 운전기사, 우편집배원, 경찰, 소방대원이다. 명절에도 쉬지 못하고 일하는 분들에게 미안하고 감사하다는 인사를 전한다.

　말 한마디로 자신이나 듣는 사람 모두를 마음 따뜻하게 만드는 것, 배려하는 말하기는 아름답다. 택배로 물건을 받을 때나 화장실에서 청소하는 분을 만나면 수고하신다며 감사를 표하고, 택시에서 내릴 때나 식당에서 밥 먹고 나올 때 "덕분에 편하게 왔습니다", "음식이 참 맛있습니다"라는 인사를 잊지 말자.

　식당이나 카페에서 일하는 사람에게 반말을 찍찍 내뱉으며 손님 행세를 하는 알량한 사람, 밖에서는 호인 소리를 들을 정도로 친절하게 굴다가 집에만 오면 가족들을 닦아세우는 사람. 참으로 꼴불견이다.

관심을 보인답시고 지나치게 간섭하는 것도 남을 배려하는 말은 아니다. 명절이나 가족이 모이는 자리에서 모처럼 본 조카에게 "공부는 잘하니?", "결혼은 언제 하니?", "2세 계획은 어떻게 되니?" 하며 꼬치꼬치 묻는 것 말이다. 듣는 사람 마음을 헤아리지 않는 말하기다.

배려는 말하기의 출발점이다. 배려하는 마음이 소통의 시작이다. 우선 배려 있는 말은 세심하다. 내가 초등학교 다닐 적에는 육성회비를 못 내는 친구들이 반마다 꽤 많았고, 박봉을 털어 제자의 육성회비를 대신 내주는 선생님도 심심찮게 있었다. 교무실을 청소하다가 이렇게 말하는 선생님 목소리를 듣기도 했다.

"거저 주는 것 아니야. 빌려주는 거니까, 나중에 돈 벌면 꼭 돌려받을 거다. 알았지? 약속해."

제자가 자존심 상할까 싶어 선생님이 호통치듯 말씀하셨다.

배려 있는 말은 농밀하다. 아내가 가슴 뭉클한 장면을 봤다며 들려준 얘기다. 길거리 노점 앞을 지나던 모녀가 있었는데, 대여섯 살 먹은 아이가 엄마에게 튀김을 사달라고 조르더란다.

집에 가서 해주겠다고 말하는 엄마의 행색이 누가 봐도 사줄 형편이 안 된다는 걸 짐작케 했다. 그런 사정을 알 리 없는 아이는 막무가내로 졸랐고, 엄마가 난처한 표정을 짓고 있던 차에 노점 아주머니가 아이를 불렀다.

"어쩌면 그렇게 예쁘게 생겼니? 네가 예뻐서 아주머니가 주는 거야. 맛있게 먹으렴."

그러면서 아이 엄마에게 찡긋 눈짓을 하는 아주머니. 말 그대로 물심양면 사려 깊은 배려가 아닐 수 없다.

배려 있는 말은 겸손하다. 회사 다닐 적 '헬리콥터 뷰'를 가지라는 얘기를 많이 들었다. 회장이나 사장의 눈높이에서 보라는 말이다. 그래야 문제점이 보이고 의사결정자의 마음에 드는 판단을 할 수 있다는 뜻이 담겨 있다. 맞는 말이다. 하지만 윗사람은 배려의 대상은 아니다. 윗사람이 아랫사람의 입장이 되어보려는 것, 그러기 위해 스스로 낮아지는 것, 때로는 지는 것을 감수하는 것. 이것이 진정한 배려다.

또한 나누고 양보하는 마음 없이는 배려도 없다. 앞서가는 사람이 뒤처진 사람을 위해 소리 없이 속도를 늦춰주는 것, 뒷사람이 길을 잃지 않도록 한 걸음 한 걸음에 신중을 기하는 것. 이 모두가 지극한 배려다.

'당신은 겸손한 것이 매력'이란 소리를 종종 듣는다. 사람들이 나를 그렇게 보는 데는 이유가 있다. 내가 처음 출연한 〈김어준의 파파이스〉라는 팟캐스트 덕분이었다. 그 프로그램은 말하자면 나의 말하기 데뷔 무대였다. 많은 사람이 청취하는 채널이었기에, 나는 매우 겸손하게 이야기할 수밖에 없었다. 엄청 떨었고 뭘 해야겠다는 욕심도 없었다. 그게 사람들 눈에 겸손하게 보였다.

 나를 겸손한 사람으로 보는 이유가 또 있다. 내 이야기의 많은 부분에서 김대중 대통령과 노무현 대통령이 등장한다. "나는 대통령 연설문을 쓴 사람이 아니고, 대통령께 연설문 쓰는 법을 배웠다"고 말하니 사람들이 겸손하다고 칭찬했다. 배운 게 사실이고, 두 분 앞에서 머리를 조아릴 수밖에 없는데도 말이다.

'때문에'를
'덕분에'로 바꾸면

'부정 편향성'이란 말이 있다. 좋은 일보다는 안 좋은 일에 귀를 더 쫑긋 세운다는 뜻이다. 그래서 뉴스도 나쁜 소식을 우선적으로 보도한다. 상황이 악화될수록 뉴스 가치는 높아지고, 상황이 호전되면 뉴스는 가치를 잃는다. 그러다 보니 부정적인 뉴스나 미끼를 던지는 낚시성 헤드라인이 판을 친다.

사람에게는 남의 좋은 점보다는 나쁜 점을 먼저 포착하는 속성이 있는 듯하다. 남이 없는 자리에서 그 사람을 칭찬하는 건 별로 재미가 없고, 단점을 지적하는 얘기가 왠지 더 재미나다. 술자리에서 뒷담화가 무성한 걸 보면 그렇다.

사회 문제에 대한 의견을 말할 때도 마찬가지다. 어떤 현상을 액면 그대로 보면 순진한 사람이 된다. 겉보기와 다른 저의와 속셈을 예리하게 후벼파야 똑똑해 보인다. 사람들은 그런 말에 흥미를 느끼고 솔깃해한다.

이런 성향은 인간의 본능적 속성에서 연유한 것이라고 한다. 사냥과 채집으로 먹고살던 원시 시대에는 외부 자극에 부정적으로 반응하는 것이 생존에 유리했기 때문이다. 실제로 위험한가 그렇지 않은가를 떠나 우선은 위험하다고 전제하고 부정적으로 반응하는 것이 생존확률을 높였다. 그래서 최대한 부정적으로 해석하고, 좋은 정보보다는 나쁜 징조에 더 민감하게 반응할 수밖에 없다는 것이다.

그래서일까, 우리 사회 곳곳에 부정적인 말이 만연해 있다. 표어나 팻말을 봐도 온통 금지하는 말뿐이다. '잔디밭에 들어가지 마시오', '만지지 마시오', '뛰지 마시오'와 같은 표현 일색이다. 이런 부정적인 표현에는 문제가 있다. 언어가 사고를 지배하기 때문이다. 내가 나를 어떻게 보는지, 내가 세상을 어떻게 보는지, 또 장차 미래를 어떻게 보는지가 언어로 표현되는데, 그 언어가 부정어 일색이면 어떻게 될까?

긍정적인 말을 하는 사람은 한계가 없고, 부정적인 말을 하는 사람은 '한 게' 없다는 말이 있다. 김대중 대통령이 IMF 경제위기를 극복하는 과정에서 가장 많이 쓴 말이 '경제는 심리다'였다. 잘될 것이라고 기대하면 실제로 잘되고, 잘되지 않을 것이라고 예상하면 실제로 안 된다는 것이다. 경제가 총체적 위기이고, 민생이 파탄 났다며 저주의 말을 퍼부으면 국민들의 미래 전망이 비관 일변도로 바뀌고, 그 때문에 투자와 소비가 위축돼 진짜 위기를 초래할 수도 있다. 말이 스스로를 위험에 빠트리고 모두를 피해자로 만들어버리는 셈이다.

김대중 대통령뿐 아니라 내가 모신 분 모두 어려운 일을 당하거나 위기를 맞을 때 가장 많이 했던 말이 '위기는 위험과 기회의 합성어이다. 위기 안에 기회 요인이 있다. 위기는 전화위복의 가능성을 내포하고 있다'는 것이었다.

그런가 하면, 말이 사람을 건강하게 만들기도 한다. 1932년 미국에서 180명의 젊은 여성이 수녀로 첫발을 내디디면서 자기를 소개하는 글을 썼다. 그리고 70년이 지나 그 글에 긍정적인 말이 얼마나 있는지 분석했다. '매우 행복하다', '정말 기쁘다'와 같이 긍정적인 말을 많이 썼던 수녀의 경우 90퍼센트 이상이 살아 있는 데 반해, 긍정적인 말을 적게 썼던 수녀들은 34퍼센트만 살아 있었다고 한다. 이처럼 긍정적 언어 사용은 우리 수명에도 영향을 미친다. 그러니까 같은 값이면 부정적인 말보다는 긍정적인 언어를 쓰자. '~때문에'보다는 '~덕분에'라는 표현으로 바꿔서 말해보자. 그러다 보면 매사에 감사하게 되고 평소 미워 보이던 사람에게도 너그러워지는 걸 느낄 것이다.

2장

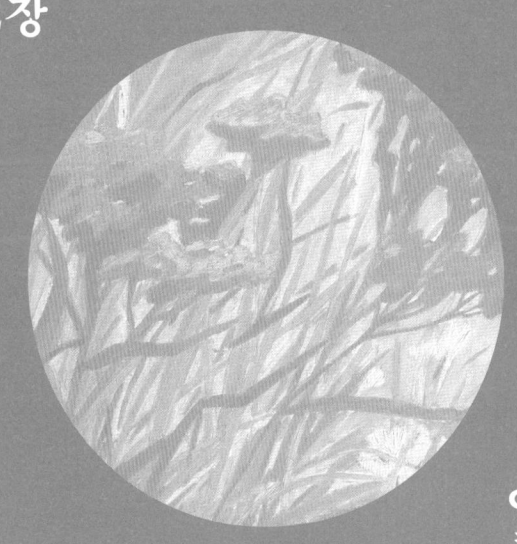

어른답게 존중하고
존중받습니다

말 잘하고 싶다고?
자신을 믿어라!

 말 잘하는 사람의 공통점은 무엇일까. 공부를 많이 했을까, 주변에 친구가 많을까, 사회적 지위가 높을까, 아니면 머리가 좋을까. 어느 정도는 관계가 있지만 내가 생각하는 답은 아니다. 내가 만난 말 잘하는 사람들의 공통점은 자신을 믿는다는 것이다.

 자신을 믿는 사람의 특징은 네 가지로 정리할 수 있다.

 첫째, 자기 생각을 잘 길어 올린다. 자기 안에 길어 올릴 생각이 있다고 믿는다. 그래서 주변을 기웃거리지 않는다. 자기만의 생각이 무엇인지 탐색하는 걸 즐기며 기어코 그것을 끄집어낸다.

누구에게나 고유한 생각과 느낌이 있다. 하루에도 오만 가지를 생각하는 게 사람이다. 이러한 생각과 느낌은 누구에게나 공평하게 주어진다. 많이 배운 사람이나 못 배운 사람이나, 책을 많이 읽은 사람이나 안 읽은 사람이나 다르지 않다. 오히려 책상물림보다는 경험과 오감으로 직접 체득한 사람의 생각과 느낌이 더 풍부하고 생생한 법이다.

둘째, 자신을 믿는 사람은 말하는 걸 두려워하지 않는다. 눈치 보지 않고, 자기 검열이 심하지 않다. 실패를 두려워하지 않고 위험을 감수한다. '그까짓 거'라는 생각으로 말한다.

자신을 못 믿는 사람은 적당한 때를 찾지 못하고 나설까 말까 망설인다. 머릿속으로만 온갖 말을 읊조려보거나 '이렇게 말하면 남들이 뭐라고 할까'를 과도하게 의식한다. 자신을 솔직하게 드러내지도 못한다.

셋째, 자신을 믿는 사람은 남의 말에 과도하게 휘둘리지 않는다. 받아들일 건 흔쾌히 받아들이고 무시할 것에 대해서는 '그건 당신 생각이고, 내 생각은 다르다'고 시원하게 답한다.

무엇보다, 자신을 믿는 사람은 과욕을 부리지 않는다. 말을 잘하고 싶은 욕심은 있지만, 가진 것보다 더 많이 가진 것처럼 보이려고 무리하지 않는다. 더 많이 아는 것처럼 꾸미지 않는다. 혀는 짧은데 침을 길게 뱉고 싶은 욕심을 부리지 않는다. 50을 가진 사람이 80을 가진 것처럼, 80을 가진 사람이 100을 가진 것처럼 보이려고 하지 않는다는 얘기다. 자신을 있는 그대로 보여 줘도 괜찮다고 생각한다. '이것이 나고, 내 수준이 이 정도인데 어쩔 수 없는 것 아닌가'라는 생각으로 그냥 말한다.

『그리스인 조르바』를 쓴 니코스 카잔차키스의 묘비에 이런 말이 쓰여 있다고 한다. "나는 아무것도 바라지 않는다. 아무것도 두려워하지 않는다. 나는 자유다." 말을 어떻게 해야 하는지 일러주는 경구이다.

때론 나도 외치고 싶다
"이의 있습니다!"

노무현 대통령을 추억하면 떠오르는 장면이 있다. 손을 번쩍 들며 "이의 있습니다" 하는 모습이다. 나처럼 묻어가고 얹혀가는 것을 좋아하는 사람은 상상도 할 수 없는 일이다.

사람은 누구나 자기 생각이 있고 주장이 있으므로 늘 찬성만 할 수는 없다. 시시때때로 반대해야 하는 상황에 맞닥뜨린다. 이런 때 사람은 두 종류로 나뉜다.

우선, 반대 의견을 감추고 동조하는 것이다. 사실 그러면 마음은 편하다. 현명한 처신일 수도 있다. 그래야 모난 돌이 되지 않으니 말이다. 힘 센 사람과 의견이 대립할 때는 더욱 그렇다. 그러나 찜찜하다. 스스로 떳떳하지 못한 탓이다. 자칫 기회주의자라는 오명을 뒤집어쓸 수도 있다.

돌이켜보면 나는 주로 이런 입장을 취했던 것 같다. 긍정도 부정도 하지 않으면서 구렁이 담 넘어가듯 어물쩍 넘어가곤 했다. 그러고는 매번 후회했다. '그때 의사 표명을 분명히 했어야 하는데, 왜 그랬을까…….' 이불을 걷어차며 자책한다. 하지만 소용없는 일이다.

그런가 하면, 우회적으로든 직설적으로든 반대 의견을 표현하는 사람이 있다. 그런 사람들을 볼 때면 부끄럽기도 하고, 부럽기도 하다. 그 용기가 탐났다. 이런 회한이 되풀이되면서 나름의 대응 매뉴얼을 만들었다. 반대해야 하는 상황에 직면했을 때 어떻게 할 것인지 말이다.

첫째, 상대 의견을 부정하지 않고 인정해준다. "얘기 잘 들었습니다. 얼마든지 그렇게 생각할 수 있지요"라고 말한다.

둘째, 공통점을 찾는다. "이러이러한 점에서 저와 의견이 다르지 않다는 것을 확인하고 기뻤습니다"라고 말한다.

셋째, 내 의견을 피력하기 위한 자락을 만들어둔다. 이른바 쿠션 화법을 구사하는 것이다. 상대의 불쾌감을 덜 수 있도록 본론을 꺼내기에 앞서 '이렇게 말씀드려 죄송합니다만', '결례인 줄 압니다만', '언짢게 들리실 수도 있는데'와 같이 완충 작용을 하는 말을 먼저 덧붙이는 것이다. 그러면 상대가 마음의 준비를 하기 때문에 당황하지 않을 뿐 아니라 존중받았다고 느낀다.

넷째, 이제 반대 의사를 표명한다. 반대하는 이유와 근거, 대안을 포함해 말해야 한다. 그래야 반대를 위한 반대가 되지 않는다.

끝으로, 주의해야 할 점이 있다. 반대하는 이유가 개인의 이해득실이어서는 안 된다. 자신의 이익 때문에 반대해서는 설득력이 없다. 손해를 감수하면서 반대했을 때 명분이 생긴다. 또한, 사람이 싫어서 반대한다는 인상을 주면 안 된다. 반대하는 사안과 사람을 분리해야 한다. 그래야 앙금이 남지 않는다. 내 의견에 반대하는 사람을 미워하지 않는 마음가짐도 중요하다.

이렇게 해봤더니 반대하는 일이 한결 편안해졌다. 반대하면서도 존중을 잃지 않는 자세야말로 성숙한 어른의 내공일 것이다.

근거 있는
낙관주의자가 되라

제주도 오름에 오르는 길에 내려오는 사람에게 물었다. 어떤 이는 "다 왔다, 얼마 남지 않았다"라고 말하고, 또 어떤 사람은 "한참 남았다, 힘들 것이다"라고 말한다.

당신은 어느 쪽 말을 믿고 싶은가. 얼마 남지 않았다고 하면 희망이 생기지만, 한참 가야 한다고 하면 긴장감을 늦출 수 없다. 대부분이 전자를 선호하지만 나는 후자가 더 도움이 됐다. 그 말을 듣고부터 더 단단히 무장하게 돼 결과적으로는 생각보다 덜 힘들었기 때문이다.

우리 주위에는 낙관의 말과 비관의 말이 있다. 당신은 어느 쪽 말을 주로 하는 편인가. 물론 낙관과 비관, 그 어느 쪽도 좋기만 하거나 나쁘기만 하지는 않다.

우선, 낙관의 말은 힘을 준다. 이른바 '로젠탈 효과(Rosenthal effect)'다. 이는 하버드대학교 사회심리학과 교수인 로버트 로젠탈 교수가 발표한 이론이다. 샌프란시스코의 한 초등학교에서 20퍼센트의 학생들을 무작위로 뽑아 그 명단을 교사에게 주면서 지능지수가 높은 학생들이라고 말했다. 8개월 후 그 명단에 오른 학생들은 다른 학생들보다 점수가 눈에 띄게 높아졌다. 교사가 그들에게 낙관적인 격려의 말을 많이 해준 결과였다.

비관의 말은 마음을 다잡게 하는 효과가 있다. 1973년 미국 조종사였던 제임스 스톡데일 중령이 베트콩 포로가 된 지 7년 6개월 만에 살아서 돌아왔다. 그의 생환 비결은 낙관적이지 않았다는 데 있었다. 크리스마스 전에, 혹은 부활절 전에 집에 돌아갈 것이라고 낙관했던 동료는 오랜 시간 구출되지 못하자 낙담해 일찍 생을 마감한 반면, 자신은 현실을 수용하고 생존을 철저히 대비했기 때문에 살아 돌아올 수 있었다는 것이다. 이를 '스톡데일 패러독스(Stockdale paradox)'라고 한다.

나는 근거 있는 낙관주의가 좋다고 믿는다. 현실은 늘 비관적일 수밖에 없다. 그러나 현재가 전부는 아니다. 내일이 있기 때문이다. 현실을 냉정하게 받아들이면서 내일을 향해 희망의 근거들을 만들어나가야 한다. 내일은 분명 내일의 태양이 떠오를 것이다.

> 희망이란
> 원래 있다고도 할 수 없고
> 없다고도 할 수 없다.
> 그것은 지상의 길과 같다.
> 원래 지상에는 길이 없었다.
> 가는 사람이 많아지면
> 길이 되는 것이다.
> _루쉰,「고향」•

나는 루쉰의 이 글귀를 좋아한다. 길이 없다고 하지 않고, 길이 험하거나 멀다고 마냥 서 있지도 않고, 걸어가면서 희망의 근거들을 만들어나가는 것. 그것이 근거 있는 낙관주의자의 말 아닐까.

아이의 말은
강물과 같아서

KBS 1라디오 〈강원국의 말 같은 말〉을 진행할 때, 학부모인 청취자 중에 이런 질문을 하는 분이 계셨다. "우리 애가 통 말을 안 하는데 어떻게 하면 말을 잘할 수 있나요?" 그때 나는 이렇게 대답했다. "우리 애도 말을 못해요. 저도 어렸을 적 그랬고요."

아이들에게는 말하기를 가르칠 수 없다고 생각한다. 가르치려 말고 잘 들어주는 게 중요하다. 일단 들어주면 아이는 본 대로, 느낀 대로 말한다. 그것을 잘 들어주면 된다. 처음부터 잘할 수는 없다. 말이 안 되는 소리를 해도 인내심을 갖고 들어줘야 한다. 우리는 누군가가 내 이야기에 귀 기울여주면 어떻게든 그 사람을 만족시키고 싶어 한다. 인지상정이다. 그런 과정 속에서 스스로 점점 잘하게 된다.

제발 어떻게 말해보라고 다그치지 않았으면 좋겠다. 아이가 말하는 도중에 끼어들어 "그래서 네 생각이 뭐고, 네 의견이 뭐야? 그것을 통해 뭘 배웠고 어떤 교훈을 얻었지?" 하며 딱따구리처럼 재촉하지 말자.

부모님이나 선생님이 듣고 싶은 말이 아니라 아이가 하고 싶은 말을 하도록 해주자. '무엇에 관해 말해보라'고 하지 않고, '네가 하고 싶은 얘기가 뭐냐'고 물어야 한다. 환갑이 다 돼가는 나 역시 '무엇'에 대해 말하라고 하면 머릿속이 하얘진다. 어른도 못하는 걸 아이에게 시키면 아이는 입을 더 다물게 마련이다.

말은 물과 같다. 어른은 아이에게 말의 바다가 되어주어야 한다. 모든 것을 다 받아주는 바다 말이다. 바다가 있는 한, 강물은 바다를 포기하지 않는다. 돌부리를 만나 굽이쳐 흐르지만 바다를 향해 간다.

굳이 뭔가를 해야겠다면, 질문을 하자. 말을 잘하기 위해서는 두 가지 훈련이 필요하다. 길게 말하는 것과 짧게 말하는 것이다. '하고 싶은 얘기를 한마디로 하면 무엇인지' 묻는 방식으로 짧게 말하는 연습을 하게 하고, '그래서 어떻게 됐는지' 꼬리에 꼬리를 무는 질문으로 길게 말하는 훈련을 시킬 수 있다. 물론 둘 다 중요하다.

짧게 또 길게 말할 줄 아는 기본기를 바탕으로 두고, 그 위에 얹어야 할 것은 자기만의 말하기 방식이다. 누구나 자기만의 스타일이 있다. 그것이 뚜렷해야 말 잘하는 사람이 된다. 그런데 문제는 그게 뭔지를 처음부터 알지 못한다는 데 있다. 자기만의 스타일을 발견하는 방법은 아이가 잘하는 것을 더 잘할 수 있게 북돋아주는 것이다. 못하는 걸 잘하게 만들려 애쓰지 말고, 잘하는 걸 더 잘할 수 있게 해주자. 그러다 보면 잘하는 게 차고 넘쳐서 못하는 부분이 드러나지 않는다.

어른도 모든 말을 잘하는 경우는 드물다. 연설이나 발표를 잘하는 사람이 있는가 하면, 토론이나 협상에 뛰어난 사람도 있고, 또 일상생활에서 대화를 잘 이끄는 사람이 있다. 우리는 제각기 다른 재능을 타고났기 때문이다. 다 잘해야 한다고 전제하면 아이의 장점보다는 빈틈이 보일 수밖에 없고, 그러면 칭찬보다는 지적을 많이 하게 된다. 결과적으로 아이는 주눅이 들고 말하는 것을 두려워하게 된다.

우리 아이가 설명을 잘하는지, 이야기를 잘하는지, 대화를 잘하는지, 관심을 갖고 지켜보라. 어떤 사안에 관해 설명하는 건 서툴어도 자기 얘기를 재밌게 잘하는 아이가 있고, 남 앞에서 말하는 걸 힘들어하는 아이가 친구와는 두런두런 곧잘 얘기하는 경우가 얼마든지 있다. 내가 그랬다. 아이가 잘하는 것을 칭찬하고 북돋아주는 것이 좋다.

내 말은 여전히
자라고 있다

"나이 마흔이 넘으면 자기 얼굴에 책임을 져야 한다." 에이브러햄 링컨이 한 말이다. 얼굴 표정에 그 사람의 성격과 세상을 대하는 태도가 드러난다고 본 것이다. 그런데 나는 얼굴보다 말이 더 그 사람의 인격에 가깝다고 믿는다. 그 사람이 누구인지 알려면 얼굴을 볼 게 아니라 말을 들어봐야 한다.

나는 쉰 살이 넘어서야 비로소 내 말에 책임을 지겠다고 마음먹었고, 이후 꾸준히 지키고자 하는 나만의 규칙이 생겼다.

첫째, 내가 하는 말을 곱씹어보며 말한다. 말버릇에 주의를 기울이며 말하는 것이다. 말뿐 아니라 말할 때 내가 어떤 몸동작을 취하는지도 눈여겨본다. 언젠가 내가 말하면서 손가락질

하는 버릇이 있다는 걸 알아채고 아차 싶었다. 이후로는 그렇게 하지 않으려고 의식적으로 노력한다. 좋은 말버릇도 있다. 글로 치면 내 말은 문장이 짧다. 딱딱 끊어서 단문으로 말하면 쉽고 명료해진다. 이렇게 좋은 점은 더욱 몸에 배게끔 의도하면서 말한다.

둘째, 남의 말을 유심히 들으면서 '나는 저렇게 말하지 말아야지' 싶은 것을 찾는다. 하루 종일 듣는 게 말이기 때문에 반면교사로 삼아야 할 나쁜 말버릇을 찾는 것은 어렵지 않다.

셋째, 얼버무리지 않는다. 한마디 한마디를 또박또박 말하고, 하고자 하는 얘기를 분명하게 전하려고 애쓴다. 그러려면 생각나는 대로 말하지 않고 생각하면서 말해야 한다.

넷째, 같은 말이면 긍정적으로 표현한다. 같은 값이면 다홍치마라고, 기왕이면 긍정적인 게 좋다. 긍정적으로 말하면 긍정적인 일이 생기고, 부정적으로 말하면 부정적인 사람으로 비친다.

다섯째, 목적에 맞게 말한다. 말하는 목적과 동떨어진 얘기는 가급적 하지 않으려고 한다. 목적은 친교일 수도 있고, 설득일 수도 있고, 재미일 수도 있다. 내가 지금 왜 이 말을 하는지 생각해보면 목적에 맞는 말을 할 수 있다.

끝으로, 후회할 말은 하지 않는다. '그런 말은 하지 않았어야

해' 하고 뒤늦게 후회할 말은 애당초 하지 않는 것이다. 무심결에 해버린 경우에는 곧바로 사과한다.

내 말은 이런저런 노력 덕분에, 제자리에 머무르지 않고 하루하루 성장하고 있다. 그것을 확인하는 기쁨과 즐거움이 크다. 그것만으로도 사는 게 재미있다.

구설수는
세상이 보내는 경고

살다 보면 남의 입방아에 오를 일이 생긴다. 문제가 크건 작건, 그런 경험은 불편하고 언짢다. 남의 입방아에 오르게 되는 원인은 뭘까?

가장 흔한 경우로, 성격이 못돼서 구설에 오른다. 못된 성격은 못된 말로 나타나게 마련이다. 구설은 그 사람에 대한 평판이라고도 할 수 있다. 이렇게 구설에 오르는 경우는 자신을 바꾸는 길밖에 방법이 없다. 분하다고 펄펄 뛸 일도, 구설을 퍼트리는 사람을 탓할 일도 아니다. 내가 덕이 없어서 그렇다고 받아들여야 한다. 나를 변화시키는 계기로 활용해야 한다.

오해로 인한 구설수는 다르다. 내 말의 의도를 잘못 이해하거나 의도적으로 곡해해서 말 도마에 올려놓고 난도질하는 경우는 억울하다. 이런 어이없는 경우를 당하지 않으려면 꼬투리를 잡히지 않는 게 좋다. 말을 간단명료하게 해서 해석의 여지를 주지 않아야 한다. 하지만 이 조차도 트집을 잡으려고 달려드는 사람에게는 말을 아끼는 수밖에 없다.

  말하기 좋아하는 사람 때문에 구설에 오르는 경우도 많다. 어디 가나 남 얘기를 좋아하는 호사가들이 있으니 말이다. 조선 영조 때 김천택이 펴낸 『청구영언』에 이런 내용의 시조가 실려 있다.

> 말을 좋아하면 남의 말을 많이 한다.
> 남의 말 내가 하면 남도 내 말을 한다.
> 말로써 말이 많으니 말을 말까 하노라.
> _작자 미상, 『청구영언』

  내 경험으로는 구설에 휘말리지 않으려면 두 가지를 조심해야 한다. 그 하나는 남들이 흉볼 때 거들지 않는 것이다. 다른 하나는 가까이 있는 사람에게 말조심하는 것이다. 구설은 가까운 사람이 만들어낸다. 그 사람과 가깝고 잘 안다는 걸 과시하기 위해서다. 그리고 사람들은 그 말을 철석같이 믿고 퍼트린다. 가까운 사람이 그렇게 말했다 하니 거칠 것이 없다.

　분수에 맞지 않게 너무 잘돼도 구설에 오른다. 그 사람이 갖고 있는 역량이나 기울인 노력 이상으로 이익을 얻고 대접받으면 초과되는 부분만큼 입방아에 오른다. 초과이익만큼 욕하면서 깎아내려 균형을 맞추는 것이다.

　이익을 많이 봤을 때만 아니라, 사람들의 기대에 부응하지 못할 때도 입방아에 오른다. 돈을 많이 벌거나 지위가 높아지면 그러기 이전에 비해 그 사람에게 기대하는 수준이 높아진다. 돈을 벌었으면 밥도 좀 많이 사기를 바라는 등 높아진 수준에 걸맞은 역할을 기대한다. 직장에서 부서장이나 임원을 입방아에 올리는 경우도 마찬가지다. 그가 부서장답지 않고, 임원답지 않을 때다.

　결국 구설수에 대처하는 궁극적 방법은 나를 돌아보는 것이다. 내가 지금 구설수에 오른다면 반드시 이유가 있다. 아니 땐 굴뚝에서는 연기가 나지 않는다. 내가 무언가 빌미를 주었기 때문이다. 곰곰이 생각해보자. 지위만 오르고 돈만 많아졌지 나는 이전 그대로인 것은 아닌지. 주어진 것에 감사하고 만족해야 하는데, 여전히 더 많은 것을 탐하고 있지는 않은지. 내가 이익을 볼 때 누군가는 손해를 봤을 텐데, 여기 오기까지 누군가를 서운하게 한 적은 없는지.

구설은 나에 대한 세상의 경고이기도 하다. 경고를 무시하면 구설수는 증폭된다. 말은 꼬리에 꼬리를 문다. 지금 듣는 구설이 가장 약한 것이다. 원인을 파악하고 뭔가를 바꿔야 일파만파 확산되는 구설의 고리를 끊을 수 있다.

실력 없이
가르치려 들지 마라

 직장 다니면서 나만큼 훈계를 많이 들었던 사람도 드물 것이다. 글 쓰는 일을 하다 보니 늘 윗사람이 내 글을 고쳤고, 고치는 내용 하나하나가 훈계요 가르침이었다. 특히 청와대에서 8년 가까이 일하면서 김대중 대통령, 노무현 대통령께 훈계를 많이 들었다. 하지만 한번도 그것이 잔소리로 들리거나 싫지 않았다. 구구절절 감탄하며 들었다.

 그게 어떻게 가능했을까? 우선 훈계하는 사람이 실력이 있어서다. 마음에 들지 않는다면서도 어떻게 고쳐야 할지 말해주지 못하는 상사를 만난다. 그런 상사일수록 부하직원에 대한 기대 수준이 높다. 실력은 없으면서 욕심만 많은 것이다. 이런 상사는 훈계할 자격이 없다.

나는 직장에서 세 부류의 상사를 만났다. 직접 할 수 있는 실력도 없으면서 아랫사람을 지지고 볶아서 만족하는 결과물을 얻어내려는 상사, 한두 번 훈계하다 답답해서 직접 해버리는 상사, 직접 하면 빨리 끝낼 수 있는 실력이 있지만 아랫사람을 가르치기 위해 힘들게 훈계하는 상사.

당연히 세 번째 부류가 가장 바람직한 상사이다. 훈계하는 사람은 적어도 훈계받는 사람보다 실력이 있어야 한다. 힘이나 권력이 아니라 역량이 우위에 있어야 하는 것이다. 하지만 그런 역량을 과시하기 위한 힐난 위주의 훈계가 되어서는 곤란하다. 그건 잘난 체가 된다. 잘난 체가 되지 않고 가르침이 되려면 그의 말이 훈계받는 사람에게 실질적인 도움이 되어야 한다. 도움은 되지 않고 윗사람의 권위만 드러내면 그것은 자리를 앞세운 '갑질'이 된다.

또한 훈계하는 사람은 평소에 덕을 많이 쌓아야 한다. 훈계는 점수를 잃을 수밖에 없는 일이기 때문이다. 그런 점에서 훈계와 애정은 한 묶음이다. 애정이 뒷받침되지 않은 훈계는 좋은 결과를 낳기 어렵다. 그래서 우리는 '애정 어린 지도와 편달을 바란다'고 말하는지도 모른다. 잘못만 지적하는 것도 좋은 훈계가 아니다. 반드시 개선책이나 대안까지 제시해야 한다.

잘못만 지적하고 끝내는 것은 비난과 다름없다.

훈계할 때 조심해야 할 또 하나는 남과의 비교다. 회사에서 일할 때 내 글이 몇 차례 퇴짜를 맞은 적이 있다. 퇴짜를 놓은 상사는 급기야 '너는 됐다'면서 다른 직원에게 내 일을 맡겼다. 그 직원의 글이 마음에 들었는지 흡족해하며 나를 다시 불러 이렇게 말했다. "눈이 있으면 좀 봐. 이렇게 하면 되잖아. 저 친구는 하는데 당신은 왜 못 해." 그 말은 최악의 훈계로 남았다.

일을 잘하는 것과 훈계를 잘하는 것은 별개의 문제다. 실무자 시절에 일을 잘한 사람이 관리자가 된 후 훈계에 젬병인 경우가 많다. 현역 시절 날리던 운동선수가 감독이나 코치 역할은 잘하지 못하는 경우처럼 말이다.

훈계 방식도 배우고 연마해야 한다. 특히 밀레니얼 세대들과 일하는 리더라면 과거의 훈계 방식에서 벗어나 새로운 소통법을 익혀야 한다. 1990년 이후 태어난 젊은이들은 훈계에 대한 거부감이 있다. 이전 세대에 비해 자존감이 높고 개인주의 성향도 강하다. 이기적이라기보다는 자기 영역에 누군가 들어오는 것을 달갑게 여기지 않는다. 또한 온라인 소통이 익숙해서 얼굴 맞대고 하는 훈계를 부담스러워한다.

누군가는 '라떼'를 들먹이며 밀레니얼 세대의 사고방식과 태도를 나무랄 것이다. 그러나 기원전 196년경 제작된 로제타석에도 "요즘 젊은 세대는 이해할 수 없다"는 말이 남아 있다고 하지 않은가. 세대 차이와 갈등은 시대를 막론하고 이어져 왔다. 아랫사람의 태도를 무턱대고 비난하기보다는 시대의 변화를 받아들이고 문제를 해결해가는 유연함 역시 리더에게 필요한 덕목이다. 상대의 나이나 직위의 고하를 떠나, 부하직원의 마음을 움직이는 훈계를 할 수 있다면 직원의 역량을 키우고 좋은 성과도 만들어내는 일석이조의 효과를 얻을 수 있다.

  나는 아내에게 혼날 때 간절하게 이 말을 기다린다. "또 그럴 거야?" 다 혼냈다는 뜻이다. 나는 이 말을 들으며 다시는 그러지 않겠다고 다짐한다.

평등하게
말할 수 없는 세상에서

 미국의 정신의학자 에릭 번은 『심리 게임』이란 책에서 모든 관계는 윗사람, 대등한 사람, 아랫사람의 세 범주로 역할 분담이 이뤄진다고 주장했다. 한 사람이 다른 사람에게 말을 건네는 순간부터 한 사람은 윗사람 역할을 하고, 다른 한 사람은 아랫사람처럼 군다는 것이다. 이런 과정에서 윗사람은 지배를 강화하기 위해, 아랫사람은 지배에서 벗어나기 위해 심리 게임을 한다고 한다. 일리 있는 얘기다. 우리는 일상에서 이런 말 게임을 한다. 그러면서 스트레스를 받는다.

 말에도 위계질서가 있다. 존대어와 존칭이 대표적인 예다. 우리말은 특히 높임말이 발달했는데, 요즘에는 도가 지나쳐서 사물에도 존대를 한다. "주문한 커피 나오셨습니다", "시간 되실 때 식사 한번 해요"와 같은 표현들이다. 최근에는 이런 높임말이 계층이나 상하 직급 간의 활발한 논의와 열띤 토론을 방해한다는 주장도 제기되고 있다. 말이 평등해야 생각도 평등해진다는 논리다. 권위적인 조직문화 역시 과도한 경어체에서 그 원인을 찾기도 한다. 경어체를 쓰다 보면 아무래도 말을 가려 하게 되는데, 군대에서 말끝에 '다, 나, 까'를 쓰게 하는 것도 이런 효과를 노린 것이다.

마르틴 하이데거는 언어를 '존재의 집'이라고 규정한 바 있다. 쓰는 언어가 관계를 규정한다는 의미다. 이렇듯 말은 권력 관계를 반영하기도 하고 만들어내기도 한다. 말에 높낮이가 있으면 관계에도 위아래가 만들어진다. '했다'와 '했습니다'와 '했어요'는 다르다. 그래서 여러 벤처기업이나 스타트업에서는 존칭을 없애는 것은 물론 근무 시간에 존대어를 쓰지 않는 실험을 하고 있다.

그런데 존대어보다 더 근본적인 문제가 있다. 우리 모두에게 말할 권리가 있지만, 실제로는 그 권리가 평등하게 주어지지 않는다는 점이다. 현실에서는 말하는 사람 따로 있고, 듣는 사람 따로 있다. 가정에서도 어른은 말하는 사람, 자녀는 듣는 사람이다. 학교에서도 선생님은 말하는 사람, 학생은 듣는 사람이다. 직장에서도 상사는 말하는 사람, 부하직원은 듣는 사람 역할을 한다.

  힘있는 사람은 마음껏 지시하거나 통제하고, 힘없는 사람은 고분고분 들어야 하는 사회, 힘있는 사람은 하고 싶은 말을 골라서 할 수 있고, 힘없는 사람은 모든 걸 이실직고해야 하거나 말해야 하는 내용을 강요받는 사회. 그런 사회는 공정하지 못하다. 의제를 설정하고 여론을 만들어가는 힘이 일부 집단에 편중되어 있는 사회, 언론과 정치와 권력기관이 말을 장악하고 있는 사회는 건강하지 않다. 힘있는 사람끼리 은밀한 말을 주고받으며 자기들의 이익을 도모하는 것이 아니라, 모든 말이 투명하게 공개되고 공유되어야 한다. 시민이 언론과 정치권의 눈치를 보고 그들의 말을 무서워하는 게 아니라, 정치권과 언론이 시민의 말을 두려워해야 한다. 시민이 균형 있는 공론의 장을 이끌어가야 한다. 그러기 위해 시민의 입이 열려 있어야 하고, 시민이 깨어 있어야 한다.

말은 반드시 돌아온다

 중학교 때 반장을 했다. 당시에는 학생들이 교실 청소를 했고, 반장은 감독을 했다. 나와 1, 2등을 다투던 친구가 청소 시간에 공부를 하고 있었다. "너도 청소하라"고 말했지만 듣지 않았다. 선생님께 일렀으나 이런 답이 돌아왔다.
 "공부하게 놔둬라. 걔가 좋은 성적 내면 우리 반이 좋지 않겠니?"
 하굣길에 가장 친한 친구에게 그 친구 흉을 봤다. 친구에게서 돌아온 대답은 충격적이었다.
 "너는 더 심해."
 그 친구가 보기에 나는 청소 시간에 공부했던 친구보다 평소 더 이기적이었던 것이다.

말처럼 공정한 게 없다. 원인과 결과, 인과의 법칙이 철저히 적용된다. 자신이 행하고 보여준 만큼 말 대접을 받는다.

말은 또한 주는 대로 받는다. 사랑만 돌아오는 것이 아니다. 칭찬도 험담도 반드시 돌아온다. 칭찬은 칭찬을 낳고 험담은 험담을 낳는다. 때로는 이자가 붙어 돌아오기도 한다. 누군가를 칭찬하면 그보다 더한 칭찬이 돌아오고 누군가를 험담하면 그보다 더한 험담이 돌아온다. 되로 주고 말로 받는다는 말은 그래서 맞다.

아내는 내게 "당신처럼 남의 험담 안 하는 사람도 없다"고 하지만 나를 잘못 알고 있다. 나도 험담을 한다. 교묘하게 하니까 모를 뿐이다.

험담을 즐기는 사람의 특징이 있다. 자존감이 낮다. 자신에게 불만이 많고 열등감이 심하다. 다른 사람과 자신을 비교하고 경쟁심과 질투심이 강하다. 하지만 자기보다 월등히 나은 사람은 시기하지 않는다. 그 사람과 친해지고 싶고 그 사람을 닮고 싶어 안달이다. 사실 내가 그렇다.

결과적으로 보면 험담하는 사람은 스스로를 해친다. 험담의 최대 피해자는 바로 그 자신이다. 자신에게 불만이 많아 사는 게 즐겁지 않다. 일이 잘못됐을 때 핑계를 남에게서 찾고 스스로 반성하지 않으니 발전도 없다.

누가 밉거나 험담하고 싶을 때 내가 쓰는 방법이 있다. 그와 한 배를 타는 것이다. 어떤 친구가 주식으로 돈을 많이 벌어 술을 살 법도 한데 늘 계산을 내게 미루기에 그 친구 험담을 넌지시 하고 다녔다.

"그 친구 돈도 많이 벌었다면서 그 돈 다 어디에 쓰나 모르겠어? 술도 안 사고 말이야."

그리 해도 마음이 편치 않았다. 그런데 어느 날 그 친구가 어떤 주식을 갖고 있다기에 나도 그 주식을 샀다. 주식 가격이 오르건 내리건 함께 기쁘고 함께 언짢게 되니 그보다 더 친근하게 느껴질 수 없었다. 그야말로 동고동락하는 관계가 됐다.

험담뿐 아니라 뒷말도 문제다. 일이 진행될 때는 아무 말 못 하다가 다 끝나고 구시렁거린다. 후회하고 자책하기도 하지만, 누군가를 희생양으로 만들어 책임을 덮어씌우기도 한다. 뒷말 역시 자신에게 아무런 도움이 되지 않는다. 이미 일어난 일을 뒤집을 수도 없고, 회한과 미련으로 마음도 괴롭다.

나도 예순을 눈앞에 두고 있다. 언제까지 남의 흉이나 보고 불평불만에 가득 차서 살 것인가. 이제 사람 뒷전에서 험담하거나, 일이 끝난 뒤에 군소리하지 않으려고 애쓴다. 특히 험담은, 내가 안 할 뿐 아니라 남이 흉보는 자리에 말려들지도 않으려고 한다. 변호는 못 해줄망정 동조하지 않는다. 나아가 홍보는 사람을 아예 멀리하려 한다.

좋은 사람만 만나기에도, 후회 없는 삶을 살기에도 남은 시간이 부족하다.

당신은 어떻게
불리길 원하는가

우리는 호칭으로 산다. 나만 해도 '남자' 혹은 '사내'라는 호칭으로 태어나 부모님께는 '우리 아들', 다른 사람에게는 '누구 자식'이란 소리를 들으며 자랐다. 그러다 '학생'이란 호칭을 꽤 오래 달고 살았다. 취직해서는 사원, 대리, 과장, 부장까지 더 높은 호칭을 얻기 위한 경쟁에 뛰어들었다. 그러다 직장을 그만두면 마지막 직함이 자신의 호칭이 된다. 부장으로 회사를 그만두면 죽을 때까지 '부장님'으로 불리는 것이다.

최근에는 직급과 호칭의 한계에서 벗어나 수평적인 조직문화를 구축하려는 움직임이 있다. 승진에 목매지 않는 젊은 세대가 등장했고, 호칭 대신 '누구 님', '누구 씨'와 같이 이름을 부르는 회사가 늘고 있다. 윗사람 이름 부르는 걸 거북해하는 직원들을 위해 외국인 이름이나 별칭으로 부르기를 권하는 회사도 있다. 사장님, 부장님이라는 호칭이 창의적이고 도전적인 기업문화에 걸림돌이 되는 것을 막아보자는 취지에서다.

사실 사장이나 부장이란 직함 자체에 존대의 의미가 포함되어 있다. 거기에 '님' 자까지 붙이는 것은 과잉존대다. 언론사에서는 상사라 하더라도 김국장, 이부장 이렇게 부른다. 누구 씨라고 할 때 '씨'라는 호칭도 마찬가지다. '씨'는 상대를 높이거나 대접하여 부를 때 쓰는 호칭인데, 윗사람에게 '누구 씨'라고 하면 왠지 하대하는 느낌이 든다.

내가 쉰 살이 넘어 출판사 사원으로 들어갔는데, 한참 어린 편집자들이 나를 '강원국 씨'라고 불렀다. 내게는 팀장, 부장과 같은 직함도 없었고, 그 출판사는 수평적인 문화를 만들어가기 위해 이름 부르는 걸 권장했기 때문이다. 처음에는 열 살, 스무 살이나 어린 사람들이 내 이름을 부르는 것이 상당히 불편했다. 형님이나 선배님도 아니고 강원국 씨라니. 귀에 거슬렸던 게 사실이다.

어느 정도 강원국 씨라는 호칭이 익숙해질 즈음 『대통령의 글쓰기』라는 책을 쓰게 됐고, 30대 여성이 내 책의 편집자가 됐다. 이 책이 많이 팔린 배경에는 편집자와 나 사이의 호칭도 한

못했다고 생각한다. 서로 '누구 씨'라고 부르며 소통하다 보니 대등한 관계에서 할 말 못할 말을 다 하게 됐고 결국 좋은 결과를 만들어낼 수 있었다. 보이지 않지만, 어떻게 부르느냐가 관계에 큰 영향을 미친다. 처음에는 어색하고 불편하지만 그렇게 부르다 보면 또 금세 익숙해지는 게 호칭이다.

호칭은 관계뿐 아니라 자존감을 높여주는 데도 적잖은 역할을 한다. 요즘 육칠십 대 어르신들을 '신중년 세대'라고 부르는데, 기존에 불러왔던 '실버 세대', '황혼 세대'보다는 훨씬 듣기가 좋다. 나 역시 곧 이런 호칭을 들어야 할 처지인데 '황혼'이라는 단어는 노인이 된 것 같아 기운 빠지지만 '신중년'이란 말은 설렘을 준다.

별다른 호칭 없이 지내던 내가 책을 출간한 이후부터는 '작가'로 불린다. 직장생활의 마지막 직함으로 불리지 않는 게 스스로 대견하고 자랑스럽다. 평생을 하나의 호칭으로 살기에는 우리의 인생이 너무 길다. 하나의 호칭에 갇혀 있기에는 이 세상에 할 일이 많다.

직장에서 더 높은 직함을 얻기 위해 열심인 것도 좋지만, 직장을 나온 이후에 필요한 새로운 호칭을 준비하는 것도 못지않게 중요하다. 평균수명 100세 시대, 당신은 어떻게 불리기를 원하는가.

말에도 거리두기가 필요하다

 코로나19가 창궐하면서 '사회적 거리두기'라는 말이 새롭게 등장했다. 이와 관련해서 기발한 표어들도 눈에 많이 띈다.
 "오늘 2미터 떨어져 있는 것이 내일 2미터 땅 밑에 있는 것보다 낫다."
 "몸은 멀리, 마음은 더 가까이."
 말도 거리와 밀접한 관계가 있다. 우선, 말은 거리를 좁힌다. 시간적 거리와 공간적 거리를 줄인다. 어른 세대와 젊은 세대 간의 시간적 거리를 좁힌다. 뿐만 아니라 소통이 활발해질수록 지역 간 나라 간 거리도 그만큼 줄어든다.
 하지만 동시에 거리두기가 필요하다. 말은 너무 가까워도 곤란하다. 허물없이 말하다 보면 의도하지 않게 선을 넘게 되고, 급기야 불편하고 피곤한 관계가 된다. 가까운 관계일수록 이런 일이 더 빈번하게 일어난다. 실망스럽고 서운하다 못해 관계가 아예 깨지기도 한다. 깨지는 데 그치지 않고 불천지 원수가 된다. 이런 일들은 대부분 말이 원인이다.

그렇다고 너무 떨어지는 것도 바람직하지 않다. 떨어져 있다 보면 서먹서먹하다가 데면데면해진다. 외롭고 쓸쓸해진다. 소원하지도 밀착하지도 않는, 건강한 긴장 관계가 좋다. 적정한 거리를 유지하면서 서로가 서로를 존중하는 관계가 질리지 않고 오래간다. 친구 관계, 연인 관계, 부부 관계가 모두 그렇다.

김대중 대통령은 리더의 말도 그래야 한다고 했다. 적정한 거리에서 국민의 기대와 의식 수준에 맞춰 말해야 한다고 강조했다. "너무 앞서지도, 그렇다고 뒤처지지도 말고 딱 반보만 앞서가라"고 말이다.

실제 대화에서도 거리두기는 중요하다. 대화하기에 앞서 한 걸음 물러서 상대방을 탐색하는 거리두기가 필요하다. 이 과정 없이, 선입견이나 통념만 갖고 무작정 시작한 대화는 '그럴 줄 몰랐다', '뒤통수 맞았다'며 뒤끝이 좋지 않을 수 있다. 또한 대화 도중에도 냉정함을 잃지 않기 위해 거리를 둬야 한다. 대화에 집중하는 몰입과 동시에 적당한 거리두기가 균형을 이룰 때 대화는 더 좋은 결실을 맺을 수 있다.

끝으로, 자기 자신과도 거리를 둬야 한다. 나를 객관화해서 보고, 내 삶을 관조하는 거리두기 말이다. 내가 아무렇지 않게 늘 하는 말이 과연 사실인가? 나는 언제나 진실한가? 남들은 내 말을 어떻게 평가할까? 이런 반성과 성찰의 시간을 갖는 거리두기가 가끔은 필요하다.

3장

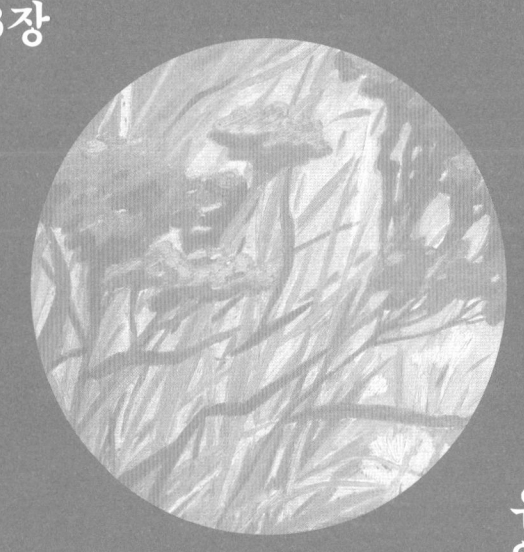

유연하게 듣고
단단하게 답합니다

할 말이 떠오르지 않을 때 하는 말

 말하기가 어려운 핵심적 이유는 할 말이 없어서다. 할 말만 있으면 말하기가 두렵지 않다. 아니 말하기를 기다리게 된다. 직장에서 회의할 때도 마찬가지다.

 회의가 잦아지면 '바빠 죽겠는데 또 무슨 회의야' 하며 불쑥 짜증부터 난다. 사실은 바빠서가 아니다. '할 말도 없는데 무슨 회의야' 하는 마음에 회의가 싫어지는 경우가 더 많다. 그런데 막상 회의에 참석하면 뒤늦게 할 말이 떠오른다. 말할 기회를 엿보다가 하고 싶은 말을 못한 채 회의가 끝나는 경우에는 왠지 화가 난다. 이런 낭패를 반복하지 않기 위해 나름대로 방법을 찾았는데, 크게 세 가지다.

첫째, 질문한다. 어차피 말의 궁극적 효용은 남들이 궁금해하는 것을 해소해주는 데 있다. 모르는 것을 알려주거나, 해결책을 제시해주거나, 의문을 해소해주면 된다. 질문을 받았을 때 할 말을 생각하면 늦다. 내 생각이건 의견이건 남들이 묻기 전에 스스로 질문해보고 답을 찾아두어야 한다. 그러기 위해서는 남들이 무엇을 궁금해하는지 알아야 한다. 그걸 찾는 방법이 있을까? 내가 궁금해하는 걸 들춰보면 된다. 나나 남이나 생각의 회로는 크게 다르지 않기 때문이다. 내가 나에게 묻고 답해보자. 무엇에 관해 정의를 내려보든, 그것에 관한 나의 생각과 의견, 느낌을 말해보든 뭐든 좋으니 연습해보자.

둘째, 관찰한다. 우리는 본 것이나 들은 것을 토대로 상황을 '묘사'한다. 묘사에서 한 단계 더 나아가는 것이 '설명'이다. 묘사가 있는 그대로를 말하는 기술이라면, 설명은 상대가 알기 쉽게 밝혀서 말하는 것이다. 설명에는 비유나 예시가 들어간다. 설명할 대상에 관해 자기 의견을 보태면 '해설'이 된다. 해설을 잘하려면 대상을 관찰하는 데 그치지 않고 관조해야 한다. 관조가 깊어지면 자기만의 관점이나 시각을 가질 수 있다. 관점이나 시각이 쌓이면 자기 철학이 만들어진다. 관찰하는 대상은 밖에만 있지 않다. 자신의 내면을 들여다보는 자기 응시도 중요한 관찰이다. 나의 경험이나 일화를 곱씹어보거나 내가 한 일을 양심에 비춰보는 것, 모두 자기를 응시하는 일이다.

  마지막으로 공부한다. 독서를 비롯해 강의를 듣는 것, 신문이나 칼럼을 읽는 것, 남과 대화하는 것, 모두 도움이 된다. 다만, 공부한 것을 나에게 혹은 누군가에게 말해보는 연습을 해야 한다. 말해보고 말이 되는 것은 메모해두는 습관도 필요하다.

칭찬받는
칭찬법

 나는 칭찬에 인색하다. 칭찬을 잘하려면 상대에 대한 관심과 애정이 필요한데, 내게는 그런 점이 부족하다. 타인에게 관심이 없는 사람은 과정이 아니라 결과만 보게 되고, 과정을 눈여겨보지 않으니 칭찬에 인색해지는 것이다. 결과는 한 번뿐이고 늘 좋을 수는 없다. 반면, 과정은 보기에 따라 무수히 많은 칭찬거리를 제공한다.
 나처럼 타인에 대한 애정이 부족하면 사람에 대한 인식이 부정적이다. 그래서 장점보다 단점을 먼저 보고, 장점을 치켜세우기보다는 단점을 바로잡아줘야 한다는 마음이 앞선다. 칭찬만 해주면 실질적인 도움이 안 된다 싶기도 하고, 하릴없이 칭찬해야 할 상황에 놓이면 닭살이 돋는다.

아내는 나와 정반대다. 모든 것을 선의로 해석한다. 나에 대한 평가도 긍정 일색이다. 언젠가 아내 친구를 만났는데, 아내가 잠깐 자리를 비운 사이 그녀가 이렇게 말하는 것이었다. "나는 저런 애 처음 봐요. 동창끼리 만나면 자기 남편 욕하느라 시간 가는 줄 모르는데, 어떻게 된 게 쟤는 원국 씨 칭찬만 해요. 왕따 당할까 봐 걱정될 정도라니까요."

실제로 아내는 나에 대한 평가가 과하게 후하다. 30년 넘게 함께 살았는데 어찌 그리 나를 모를까 싶다. 내가 아는 나는 60점인데, 아내는 늘 80점이라고 말한다. 나는 나도 모르게 80점이 되기 위해 분투한다. 60점이란 사실을 알게 함으로써 실망시키고 싶지 않다. 나를 믿는 사람을 실망시키는 것만큼 큰 배신은 없다.

아내의 칭찬을 통해 터득한 칭찬법이 있다. 칭찬은 횟수가 중요하다. 강도 높은 칭찬거리는 누구나 응당 해야 하는 칭찬이기 십상이다. '뭐 이런 걸 가지고'라는 느낌이 들 정도로 사소한 걸 칭찬할 때 더 감동한다. 칭찬거리는 널려 있다. 칭찬하려는 눈으로 보면 모든 게 칭찬거리다. 어렸을 적 우리는 밥만 잘 먹어도 칭찬받았다. 혼자 일어섰다고, '엄마'라고 말했다고 칭찬받았다. 그런 갈채 속에서 마음의 근력을 키웠다. 자신감,

끈기, 인내심 모두 칭찬을 자양분으로 길러진 열매들이다.

　직접적인 칭찬보다는 간접적인 방식이 더 효과적이다. 내가 아니고 누가 너에 관해 이렇게 칭찬하더라, 사람들이 이렇게 말하더라고 전해주면, 그 칭찬은 객관적인 평판 수준으로 격상된다. 우리 부부는 가끔 아들이 충분히 들을 수 있는 거리에서 우리끼리 아들 칭찬을 한다. 칭찬은 듣는 사람을 기분 좋게 만들고 자존감을 높여주는 효과가 있다. 동기를 부여하는 역할도 한다. 뿐만 아니라 칭찬하는 사람과 듣는 사람과의 관계도 좋게 만든다.

　그렇다고 모든 칭찬이 다 약이 되는 건 아니다. 결과에 대한 과도한 칭찬은 실패를 두려워하게 만듦으로써 도전을 주저하게 만들 수 있다. 남과 비교하는 칭찬 역시 경쟁심을 부추기는 역효과를 낳을 수 있다. 환심을 사고자 하는 입에 발린 칭찬도 듣는 사람을 겸연쩍게 만든다.

　칭찬은 이렇게 하라고 주문하는 것들 가운데 동의하지 못하는 게 있다. 그 하나가 여러 사람 앞에서 공개적으로 칭찬하라는 것이다. 나는 그래서는 안 된다고 생각한다. 공개적인 칭찬은 시기와 질투를 불러올 수 있다. 칭찬받는 사람에게 그다지 도움이 되지 않는다. 역으로 비판도 마찬가지다. 공적 비판은 공개적으로 하되, 사적 비판은 개인적으로 하는 게 좋다.

칭찬은 말로만 하지 말고 포상도 함께 해야 한다는 주문도 마찬가지다. 칭찬은 그 자체로 빛을 발했을 때 의미가 있다. 보상이 끼어들면 오히려 의미가 퇴색할 수 있다.

칭찬은 그때그때 바로 하라는 말에도 동의하기 어렵다. 기억해뒀다가 나중에 하는 칭찬이 더 감동적이다. 칭찬 일변도 역시 좋지만은 않다. 가끔은 주의도 주고 질책도 해야 한다. 그래야 칭찬에 둔감해지지 않는다.

타고난 것보다 노력을 칭찬하라는 말들도 많이 하지만, 내 경우엔 재능을 칭찬받았을 때 기분이 더 좋다. 비단 나만 그런 것은 아니리라. 학창 시절을 돌이켜봐도 그렇다. 공부를 열심히 해서 시험을 잘 봤다는 소리보다는 별로 공부하지 않고 시험 잘 봤다는 소리를 듣고 싶어 했으니까. 그래서 나는 친구들 앞에서는 놀고 혼자 숨어서 공부를 했다.

언젠가 죽기 전에 아내에게 물어볼 것이다. 정말 나를 그렇게 좋게 봤느냐고, 아니면 작전상 그랬느냐고.

어휘의 한계가
내 세상의 한계

 글 쓰기 전에 하는 일이 있다. 네이버 국어사전 창을 띄우는 일이다. 그런 습관이 생긴 건 오래됐다. 김대중 대통령의 연설문을 쓰기 시작하면서부터다.
 연설문은 말하기 위해 준비하는 글이다. 글이지만 말인 셈이다. 대통령께 가장 많이 지적을 받은 건 단어였다. 대통령은 내가 쓴 단어를 다른 단어로 고쳤다. 죄송하게도 고친 단어가 더 문맥에 맞았다. 어떻게 해야 고치는 수고를 덜 수 있게 해드릴까 고민했다. 그리고 방법을 찾았다. 내가 쓴 단어를 사전에서 다시 찾아보는 것이었다. 두 가지를 점검했다. 내가 쓴 단어의 유의어 중에 더 적절한 게 있는지 확인했다. 그리고 예문을 꼼

꼼히 읽으며 내가 문맥에 맞게 단어를 썼는지 재차 확인했다. 어느 포털사이트에나 국어사전이 있고, 거기에는 많은 유의어와 예문이 있다.

노무현 대통령 재임 시절, 2차 남북 정상회담을 앞두고 문제가 생겼다. 평양에서는 네이버 국어사전을 검색할 수 없었던 것이다. 방북 전에 필요한 것을 미리 찾아놓아야 했다. 정상회담을 마치고 돌아오는 길에 국민들께 정상회담 결과를 보고하는 대통령 연설을 준비해야 했기 때문이다. 연설문에 들어갈지 모를 어휘와 그 유의어를 모두 찾아봤다. 이때 주의를 기울였던 대표적인 단어가 '말했다'였다. 회담은 말이 오가는 것이고 대통령은 그 결과를 말해야 하므로 '말했다'를 표현하는 단어가 많이 들어갈 것은 충분히 예상 가능했다. 매우 쉽고 기본적인 단어라 고민할 필요가 있나 싶겠지만, 맥락에 따라 십수 가지가 넘는 서로 다른 '말했다'의 유의어로 연설의 정확도와 품격을 높여야 했다. 예를 들면 '강조했다', '언급했다', '운을 뗐다' 등과 같은 단어들이다.

돌이켜보면 회사생활을 할 때도 국어사전을 찾아보는 습관이 있었다. 그때는 인터넷이 없던 시절이라 늘 두꺼운 종이 사전을 가지고 다니면서 머릿속에 떠오른 단어 말고 더 좋은 표현이 있는지 찾아봤다. 회사에서 보고하거나 발표할 때 쓰는 단어는 한정되어 있다. 그 폭을 넓히고 싶었다. 그래서 발전, 발달, 증진, 향상, 상승, 증대, 확산, 도약, 성장, 성숙, 확충, 확대, 진전…… 이런 단어를 모으면서 즐거워했다. 내 기억으로 70~80여 개까지 모았던 것 같다. 모은 단어를 책상 앞에 붙여 놓고 수시로 보았다.

할 말이 있다고 말을 잘하는 건 아니다. 할 말이 많은데도 그것을 표현하지 못해 버벅거리는 경우를 흔히 본다. 가장 큰 요인은 어휘력 부족이다. 어휘력이 빈약하면 말이 빈곤해진다. 가진 것과 가진 것을 보여주는 것은 별개다. 어휘력이 부족하면 가진 게 많아도 제대로 보여주지 못하니 없어 보인다.

어떻게 하면 어휘력을 키울 수 있을까? 많은 사람이 독서를 권한다. 책을 많이 읽으면 어휘력이 늘어난다고 한다. 물론 도움은 되겠지만 그것만으로는 부족하다. 독서를 많이 하면 글을 이해하고 말귀를 알아듣는 데 필요한 어휘력은 늘 수 있다. 하지만 막상 말을 하는 데 필요한 어휘력을 키우는 데는 한계가 있다.

말하는 데 필요한 어휘력은 자신이 닮고 싶은 사람의 말을 많이 듣는 게 더 효과적이다. 모델로 삼고 싶어 눈여겨봐둔 사람의 강의나 토론 등을 반복해서 들으면 좋다. 그러다 보면 그 사람이 자주 쓰는 어휘를 자신도 모르게 흉내 내게 된다. 그리고 무엇보다 국어사전을 수시로 찾아보는 게 중요하다. 안다고 생각했지만 정확하게 알지 못하는 단어가 참 많다. 그러면 적재적소에 가져다 쓸 수 없다. 그래서 늘 쓰는 단어만 쓰게 된다.

어휘력은 나이테처럼 연륜을 드러낸다. 삶의 경험과 거기서 얻은 사유의 깊이가 담긴다. 한 해 한 해 늘어가는 나이에 걸맞게 어휘도 꾸준히 늘어나야 한다. 그러지 않으면 고등학교 때까지 익힌 어휘력 수준에서 평생 살다가 생을 마감할지 모른다.

재미에
의미를 더하는 법

나의 첫 책 『대통령의 글쓰기』를 쓸 때 얘기다. 하루는 출판사 대표가 이렇게 말했다.

"청와대에서 일하는 동안 있었던 얘기를 해주세요. 그 얘기는 그걸 경험한 사람만이 할 수 있는 얘기고, 경험한 자신이 가장 잘할 수 있잖아요."

듣고 보니 그렇다. 8년 동안 경험한 이야기 40편을 썼다. 대표 말대로 경험을 쓰고 말하는 건 어렵지 않았다. 편집자에게 보여줬더니 재미있다고 한다. 그런데 재미만 있지 의미가 없다고 했다. 사람들은 남의 얘기에서 의미를 찾고 싶어 한단다. 각각의 경험에서 배운 것, 느낀 것, 새롭게 알게 된 것, 깨달은 것을 추가했다. 경험에 의미를 부여했다. 그랬더니 이제 재미도 있고 의미도 있단다. 그런데 하나 더 필요한 게 있다고 한다. 지금 상태는 저자 개인의 이야기에 불과하다는 것이다. 이야기를 듣는 사람에게 '이건 내 얘기만이 아니라 당신에게도 해당하는 얘기'라는 생각을 갖게 해야 한다는 것이다. 그러기 위해서는 나의 경험을 모두의 경험으로 만드는 일반화 과정이 필요하다고 했다.

나의 경험을 보편적인 경험으로 만드는 데 필요한 게 인용이다. 인용은 내 말의 신뢰도를 높여줄 뿐 아니라 나의 특수한 경험을 일반화한다. '나만 그런 게 아니라 누구도 그랬고, 누구도 이렇게 말했어'라는 것이다.

경험은 가장 중요한 말하기의 밑천이다. 말문이 막히거나 말하기가 막막할 때는 경험을 얘기하면 된다. 그리고 그 경험에 의미를 부여하고, 인용을 달아주면 된다.

경험이 고갈됐을 때가 문제다. 그러면 더 이상 할 말이 없어진다. 그때는 새로운 경험을 해야 한다. 새롭게 시도하고 새로운 일에 도전해야 한다. 그게 여의치 않다면 상상이라도 해야 한다. 독서와 여행도 도움이 된다. 여행은 서서 하는 독서이고, 독서는 앉아서 하는 여행이라고 하지 않던가. 직접 경험이건 간접 경험이건 경험이 있다는 것은 할 말이 있다는 것이고, 할 말의 분량만큼 우리의 삶은 풍성해진다. 하루하루가 쌓여 인생이 되고, 우리의 경험은 나이만큼 축적된다.

무엇보다 경험에는 우열이 없다. 승승장구, 탄탄대로의 경험보다는 우여곡절, 간난신고(艱難辛苦)의 경험이 더 값지다. 사람들은 그런 경험에 귀를 더 기울인다. 할 말을 찾아가는 여정에 부딪치고 넘어지면 또 어떠랴. 그리할수록 더 의미 있고 재미있는 말이 만들어진다면 그것으로 족하지 않은가.

"그래서 하고 싶은 말이 뭡니까?"

직장에서 가장 많이 듣는 말 중 하나가 "그래서 결론이 뭡니까?", "하고 싶은 말이 뭐죠?"이다. 결론이 궁금하니 그것부터 말하라는 주문이다. 결론부터 말하는 건 여러 장점이 있다.

첫째, 시간을 절약해준다. 결론을 먼저 듣고 궁금한 것만 추가로 확인하면 되기 때문이다. 결론을 마지막에 얘기하면 듣는 사람이 필요한 말을 취사선택할 수 없다. 결론 한마디만 듣고 판단과 결정이 가능한 일은 굳이 다 들을 필요가 없다. 그걸 다 듣는다는 건 시간도 시간이려니와 말하는 사람에게도 듣는 사람에게도 고역이다.

둘째, 말하는 사람도 편하다. 결론을 나중에 얘기하려면 말

전체를 논리적으로 끌어가야 한다. 설득력 있는 결론에 이르기 위해서는 그 전에 하는 말이 논리정연해야 한다. 결론을 향해 가는 길에 해야 할 말을 까먹고 헤맬 수도 있다. 그러나 "알아보니 이렇습니다", "이렇게 하는 게 좋겠습니다"라고 결론부터 말해놓고 나면 말이 겉돌지 않는다. 닻을 내려놓은 선박처럼, 말이 떠다니지 않고 한곳에 정박해 있다. 결론을 중심으로 보태야 할 말만 하게 되니, 말이 꼬이거나 산으로 갈 확률이 줄어든다.

셋째, 듣는 사람을 생각하게 한다. 결론을 마지막에 얘기하면 듣는 사람은 결론이 나올 때까지 묵묵부답 이야기를 들어야 한다. 하지만 결론을 먼저 알면 그것이 맞는지 그른지, 받아들여야 할지 거부해야 할지를 미리 고민할 수 있다.

이 밖에도, 두괄식으로 말하면 말하는 사람이 자신 있어 보인다. 역으로 생각해보면, 두괄식 말하기는 자신이 있어야만 가능하다. 자신 없는 말을 두괄식으로 하면, 말 한마디 제대로 못 해보고 일언지하에 거절당할 수도 있다. 또한 두괄식 말하기는 주의를 집중하게 하는 효과가 있다. 두괄식 말하기에서 흔히 쓰이는 첫마디는 세 종류인데, 그 하나는 "사실이 이렇습니다"이고 다른 하나는 "내 의견은 이것입니다", 그리고 또 하나는 "무엇을 합시다"이다. 이런 표현들은 듣는 사람에게 긴장감을 준다. 회장이나 대통령을 모실 때 이 한마디, 이런 첫마디가 뒤에 하는 말의 성패를 갈랐다. 하지만 모든 경우에 두괄식이 유효한 건 아니다. 예를 들어 영화 이야기를 결론부터 말해서는 안 된다. 스포일러를 들은 순간, 그다음 이야기는 궁금해지지 않을 뿐 아니라 말한 사람을 원망하게 될지도 모른다.

밑져야 본전,
선수 치는 말하기

여러 사람 앞에서 연설을 해야 할 때, 면접이나 발표 등 말로 평가받는 상황, 맞선이나 소개팅같이 이성을 처음 만나는 자리 등 말하기가 두려운 상황은 사람에 따라 각자 다를 것이다.

나는 '돌아가며 한마디씩 해야 하는 상황'이 가장 떨렸다. 내 순서가 가까워올수록 심장이 두근거렸다. 그러다가 막상 말할 차례가 되면 아무 생각도 나지 않았다. 얼굴은 빨개지고 머릿속은 하얘진다. 왜 그럴까, 곰곰이 생각해봤다.

첫 번째 이유는 앞서 말한 사람들의 말하기 실력과 비교해서 그렇다. 사람들은 왜 그리 말을 잘하는지, 남들은 전혀 떨지 않는 것처럼 보였다.

두 번째 이유는 내가 할 말을 앞에서 쏙쏙 써먹어버려 그렇다. 어떤 상황에서 할 수 있는 말은 한정되어 있다. 다 거기에서 거기다. 내가 하려고 준비해뒀던 바로 그 말을 앞에서 누군가 해버린다면 당황하지 않을 수 없다.

세 번째 이유도 있다. 뒤로 갈수록 사람들의 기대가 점점 커진다. 전진만 기대할 뿐 후퇴는 허용하지 않는다. 이러한 이유로 순서를 기다리는 말하기는 떨린다. 그런데 모든 말하기는 이런 상황에서 벌어진다. 말하는 순서는 언젠가 내게로 오고야 만다.

떨림을 극복할 수 없다면 말을 선점하는 것도 한 가지 방법이다. 남들보다 먼저 손을 들거나 일어서서 "제가 한마디 하겠습니다", "내가 먼저 말해도 될까요?" 하고 말하는 것이다.

먼저 말하는 사람은 기본 점수를 받는다. 말을 잘 못해도, 좀 떨어도 그러려니 한다. 그런데 뒤로 빼다가 못하면 앞사람과 비교되어 더 주목받는다.

먼저 말하는 것이 좋은 또 다른 이유는 내 말이 기준점이 되기 때문이다. 내 순서 이후 말하는 사람들의 언변이 나보다 좋아도 지난 발언을 회상하며 앞사람의 말을 탓하지 않는다. 뒷사람의 말을 듣는 동안 지난 이야기는 잊어버리게 마련이다. 모든 순서가 끝날 때까지 내 말을 기억하고 있다면 뒷사람의 말이 시원찮았거나 내가 말을 잘한 것이다. 그래서 먼저 말하면 밑져야 본전이 된다. 매도 먼저 맞는 게 낫다고, 할 말을 먼저 해버린 후에 남들이 떨리는 얼굴로 이야기하는 모습을 유유자적 즐겨보라.

틀에 박힌 말을
무시하지 마라

초등학교 시절 월요일 아침마다 실외 조회가 있었다. 전교생이 운동장에 모여 교장 선생님의 훈화 말씀을 들었다. 어렸을 때는 그걸 듣는 게 고역이었다. 몸을 배배 꼬며 말씀이 끝나기만을 기다렸다. 지금 생각하면, 교장 선생님은 매주 전교생에게 들려줄 말씀을 준비하느라 얼마나 힘들었을까. 고민에 고민을 얼마나 거듭했을까. (어쩌면 어느 선생님 한 분이 지독하게 힘드셨을지 모른다.)

교장 선생님의 말씀에는 전형적인 틀이 있었다.

1. 지난주에 일어난 일 가운데 미담 사례를 발굴해 소개한다.

2. 칭찬한다.

3. 이번 주 일정을 소개한다.

4. 이를 성공적으로 완수하기 위해 어떤 자세로 임하자고 당부한다.

5. 우리는 할 수 있다고 고무한다.

6. 나도 여러분을 돕겠다고 한다.

끝.

전형적이라고 나무랄 일이 아니다. 이런 틀이 없었다면 교장 선생님은 매주 훈화 말씀을 창작하느라 머리가 더 빠지셨을 게 틀림없다.

전형적인 틀을 가지고 있는 사람은 말해야 하는 상황에서 머릿속이 하얘지지 않는다. 흔히 하는 자기소개나 소감, 축사, 건배사 등도 마찬가지다.

나는 어느 자리에 가서 자기소개를 해야 할 때 세 가지를 떠올린다. 첫째는 이 모임 혹은 이 자리에 참석한 누군가와의 인연, 둘째는 감사한 일, 셋째는 나의 역할과 기여이다.

독서 모임에 처음 나갔다고 해보자. 우선 어떤 연유로 이 모임에 나오게 됐는지 얘기한다. 모임에 초대한 사람에게 감사하든, 이런 모임이 있다는 데 감사하든 고마움을 표시한다. 칭찬거리가 있으면 추가한다. 마지막으로 열심히 참여하겠다고 다짐한다. 물론 이름과 지금 하고 있는 일을 밝히는 건 기본이다. 시간이 된다면 살아온 이력, 내가 좋아하고 잘하는 일, 앞으로 하고 싶은 일, 이 세 가지 가운데 하나 정도를 언급하기도 한다.

너무 도식적인가? 하지만 사람이 어찌 매번 창조적일 수 있단 말인가. 내가 만나본 말 잘하는 사람들 역시 그랬다. 평범함이 기본이다. 기초가 탄탄해야 하며, 틀부터 갖춰야 한다. 틀을 마련해두는 것은 어려운 일이 아니다. 누구나 할 수 있다. 육하원칙도 있고, 총론을 언급한 후 각론을 말하는 틀도 있다.

하지만 기계적인 틀에 맞추는 게 능사는 아니다. 청와대에서 연설문을 쓸 때 이전에 썼던 걸 참고하곤 했다. 그것처럼 쓰기 위해서가 아니라 그것과 다른 걸 쓰기 위해서였다. 기본적인 틀을 가지고 말해야 하지만, 동시에 그 틀을 깨기 위해서도 노력해야 한다. 틀을 멋지게 깬 말은 듣는 귀를 끌어당긴다.

어떤 말은 삼킬 때
오히려 완성된다

환영받는 말과 그렇지 않은 말이 있다. 사람들이 기대하고 반기는 말과 그렇지 않은 말이 있다. 기왕이면 환영받는 말, 점수 따는 말을 하는 것이 좋은데, 비결은 의외로 단순하다.

'듣고 싶은 말'을 해주면 된다. 물론 그 말이 옳은 말, 좋은 말이란 보장은 없다. 하지만 사람은 누구나 듣고 싶은 말을 해주는 사람을 좋아한다. 듣고 싶어 하는 말에 귀 기울인다.

사람들은 어떤 말을 듣고 싶어 할까?

첫째, 알고 싶은 내용이다. 평소 궁금했거나 알고 싶었던 얘기가 나오면 귀가 번쩍 뜨인다. 듣지 말라고 해도 뇌가 알아서 귀를 쫑긋 세운다. 가려운 곳을 긁어주면 시원한 것과 같다. 하지만 가렵지도 않은 곳을 자꾸 긁어대면 짜증나는 법이다.

둘째, 공감하는 말이다. 자신의 입장이나 처지, 사정, 심정을 헤아려주고 배려하는 말을 듣고 싶어 한다. '지금 얼마나 힘들어. 내가 그 마음 알아'처럼 상대의 기쁨이나 슬픔, 억울함이나 분함에 동참하는 말을 반긴다. 생각보다 쉽지 않다. 관심을 기울여야 하고, 상대에 대해 알아야 공감해줄 수 있다. 또한 본심에서 나온 말이어야 한다. 상대는 내가 진심으로 하는 말인지, 입에 발린 소리를 하는지 금세 알아차린다.

셋째, 환심을 사는 말이다. 상대를 칭찬하고 치켜세우는 것이다. 상대와의 공통점을 찾아 '우리는 비슷하다'는 것, '같은 편'이라는 것을 강조한다. 그러면 호감과 친밀도가 올라간다. 말 한마디로 천 냥 빚을 갚을 수 있다. 그러나 조심해야 한다. 이런 말을 자주 하면 '비위 맞추는 말을 잘한다', '알랑거린다', '아첨한다'라는 소리를 들을 수 있다.

넷째, 도움이 되는 충고와 조언이다. 물론 상대가 도움을 청해왔을 때에 해당한다. 참견하고 간섭하는 충고와 조언은 백해무익하다. 조언할 때도 '이것은 이런 의미가 있다'라고 말하는데 그쳐야 한다. '상황이 이러하니 네가 판단하고 결정하라'는 배경설명과 선택지만 제시하는 게 좋다. 혹은 '함께해보자'라고 말하는 것도 방법이다.

다섯째, 상황에 맞는 말이다. 축하해줘야 할 때 축하하고, 위로가 필요할 때 위로하고, 사과해야 할 때 사과하는 것이다. 지금 무슨 말을 해야 하는 상황인지, 때와 장소와 분위기를 알고 그에 맞는 말을 해야지, 잘못하면 '저 친구 참 눈치 없다'라는 편잔을 듣게 된다.

끝으로, 삼켜진 말이다. 끼어들고 싶은 욕구나 반론하고 싶은 충동, 변론하고 싶은 마음을 자제하고 말을 삼킬 필요가 있다. 참고 듣는 것으로, 상대가 말할 수 있게 해주는 것으로, 더 큰 호감과 공감을 얻어내기도 한다.

전달력을 높이는
위트의 힘

김대중, 노무현 대통령은 유머감각이 남달랐다. 두 분을 곁에서 지켜보며 유머에도 여러 종류가 있고 유머는 매우 힘있는 말하기 방식이란 걸 깨달았다.

우선, 역설 유머가 생각난다. 노무현 대통령이 신임 사무관 대상 특강 중에 한 농담이다. "나의 성공 비결이 뭐냐. 사즉생(死卽生)입니다. 죽는 길로 갔는데 대통령이 됐어요. 하지만 아무나 따라 하지 마십시오. 진짜 죽는 수가 있습니다."

능청 유머도 있다. 김대중 대통령이 1980년 사형선고를 받고 죽을 날만 기다리고 있는데, 이희호 여사가 면회 와서 "죽이든 살리든 하나님 뜻대로 하세요"라고 기도한다고 했던 것이 서운했다며, "무조건 살려 달라고 해야지 하나님 손에 맡기면 어떻게 하느냐" 하고 능청스럽게 말해 웃음바다가 되었다는 일화다.

자학 유머도 있다. 노무현 대통령이 연세대 특강에서 학생들 질문에 이렇게 답했다. "손녀가 예쁩니다. 그런데 아무리 예뻐 봐야 한계가 있지요. 저를 보면 상상이 되지요?" 이 말에는 익살과 재치가 묻어난다.

정반대로 자아도취 유머도 있다. 이른바 '자뻑 개그'라고도 하고, 허세 개그라고도 한다. 자신을 과대포장해서 말하는 것이다. 이건 나의 주특기다. 나는 내가 베스트셀러 작가라고 대놓고 말한다. 정색하고 뻔뻔하게 말할수록 더 웃는다. 웃자고 하는 얘기라는 걸 알기 때문이다.

반전 유머도 있다. 노무현 대통령이 터키에 갔을 때, 동포 간담회에서 이렇게 말했다. "참 좋은 데 사시네요. 나도 여기 살았으면 좋겠습니다. 그런데 생각해보니까 내가 대통령이에요. 돌아가지 않으면 큰일 납니다."

임기응변 유머, 즉 기지나 위트도 빼놓을 수 없다. 김대중 대통령이 노벨평화상을 받았을 때 누군가 이렇게 악담했다. "김대중이 노벨상을 받은 건 개도 웃을 일이다." 여기에 한승헌 변호사가 되받은 말이 걸작이다. "웬만하면 사람만 웃었을 텐데 얼마나 기쁜 일이기에 개까지 웃었겠습니까?" 그야말로 촌철살인이다. 한승헌 변호사의 유머 실력은 일찍이 김대중 대통령도 알아봤다. "누가 한 변호사 따라다니며 유머를 받아 적어 책을 내면 베스트셀러가 되겠다"라고 했을 정도다.

패러디 유머도 있다. 노무현 대통령이 했던 말 중에 "날아가는 고니 잡고 흥정한다(우물에서 숭늉 찾는다는 의미)", "절구통에 새 알까기(누워서 떡 먹기라는 의미)"는 속담을 패러디한 것이다.

두 대통령은 풍자와 해학도 즐겨 썼다. 풍자는 비꼬아서 비판하는 것이고, 해학은 동정해서 감싸 안는 유머라고 한다. 강한 것은 누르고 약한 것은 돕는다는 게 두 분의 철학이었기 때문에 이런 풍자와 해학이 수시로 등장했다.

두 분의 유머에서 남을 즐겁게 해주고 싶어 한 마음을 읽었다. 좀 더 효과적으로 메시지를 전하려는 노력도 읽혔다.

말 잘하는 사람은
7가지를 맞춘다

어떤 대화든 상대를 배려하는 '눈높이 말하기'가 관건이다. 그러기 위해서는 다음의 일곱 가지를 잘 맞춰야 한다.

먼저, 눈을 맞추고 말해야 한다. 단순히 시선만 맞추는 것이 아니라 교감하며 말하는 것이다. 상대의 반응에 응답하고 감정을 교류하며 말한다. 가장 안 좋은 것은 상대가 보이지 않는 데서 뒤통수에 대고 말하는 것이다. 이른바 뒷담화다.

성향을 맞춰야 한다. 정치나 종교 얘기가 특히 그렇다. 상대의 정치적 성향이나 종교적 신념을 고려하지 않고 말하면 관계를 해치거나 시비가 붙을 수 있다.

속도도 맞춰야 한다. 말하는 속도만이 아니다. 상대가 이해하는 속도에 맞춰 말해야 한다. 일사천리로 말하는 게 능사가 아니다. 결혼할 준비가 되어 있지 않은 상대에게 프러포즈하는 것도 속도를 지키지 않는 말하기다.

관심사를 맞춘다. 아내는 패션에 관심이 많지만 나는 그렇지 않다. 아내가 패션 얘기를 덜하든지 내가 패션에 관심을 갖든지 해야 한다. 오래오래 함께 살려면 말이다.

스타일을 맞춘다. 말을 많이 하는 사람이 있는가 하면 그런 걸 좋아하지 않는 사람도 있다. 공격적으로 말하는 사람도 있고 수줍게 말하는 사람도 있다. 스타일이 제각각이다. 상대 스타일을 파악해 맞춰줄 필요가 있다. 말하는 걸 좋아하는 사람을 만나면 내 말수를 좀 줄여 상대가 말할 수 있는 기회를 더 주고, 수줍게 말하는 사람의 말은 적극적으로 반응해줘서 자신감을 북돋아줘야 한다.

수위를 맞춰 말해야 한다. 기업에서 회장님 말씀 자료를 작성할 때 수위 조절에 무척 신경 썼다. 회장님이 사장단회의에서 역정을 내야 할 상황이면 어떤 수위로 말하는지가 중요하다. 대통령이 국민에게 사과해야 하는 경우도 마찬가지다. 수위는 말의 톤에 해당한다. 따뜻하고 차가운, 부드럽고 거친 정도를 의미한다.

끝으로, 수준을 맞춰야 한다. 사람마다 수준이 다르다. 어린

아이와 나이 지긋한 사람의 수준이 다르고, 많이 배운 사람과 그렇지 못한 사람의 수준이 다르다. 노무현 대통령은 어린아이와 사진을 찍을 때 두 다리를 벌려 키를 낮췄다. 말할 때도 그렇게 했다.

관찰이
차이를 만든다

　대학을 졸업하고 '유공'이란 회사에 원서를 냈다. 당시 주유소를 가장 많이 보유한 정유회사였다. 원서를 내기 전까지는 그런 회사가 있다는 정도만 알았다. 차도 없고 운전면허증도 없으니 당연했다. 그러나 원서를 접수하고 나니 새로운 세상이 내 앞에 펼쳐졌다. 면접을 치르고 그 회사 문을 나서는 순간, 온 세상이 유공 천지였던 것이다. 사거리마다 보이는 것은 온통 유공 주유소였다. 그전까지는 한번도 본 적 없는 유공 주유소 간판이 눈에 들어왔다.

　아는 만큼 보인다고 했던가. 이 세상에는 이런 세계가 얼마나 많을까, 내가 모르는 세상이 도처에 얼마나 많이 숨어 있을까 싶었다. 나는 그것을 나이 쉰 살 넘어 알았다. 그 무렵 말단 사원으로 출판사에 들어갔는데, 거기에도 또 하나의 세상이 있었다. '어떤 이들은 태어나서 이 세상 하나만 경험하고 가겠구나' 하는 생각이 들었다.

누군가에게는 삶의 전부가 되는 세상이 우리 주변에 얼마나 많을까. 음식점, 편의점, 백화점 등 무수히 많은 업종의 세계가 있을 것이고, 은행원, 건축가, 운전사 등 직업의 세계, 등산, 바둑, 낚시와 같은 취미의 세계도 있을 테다. 이 세상에 수백, 수천 개의 서로 다른 세계가 존재하고, 그 각각이 하나의 우주인 셈이다. 그 안에 들어가 보지 않으면 절대 알 수 없는 어마어마한 세계가 공존한다는 생각이 들었다.

우리는 살면서 몇 안 되는 세계를 체험한다. 나머지는 자신이 경험한 세계를 바탕으로 미루어 짐작할 뿐이다. 그러다 보니 편견과 오해, 선입견, 고정관념이 만들어진다. 경험하지 않은 세계를 아는 길은 관찰뿐이다. 관심을 갖고 들여다보면 거기에 오묘한 세계가 있다. 알면 알수록 더 궁금해지고 파면 팔수록 더 깊이가 느껴지는 또 다른 세상 말이다.

말을 잘하는 사람은 대체로 자신이 모르는 미지의 것에 대한 호기심이 왕성하다. 그래서 사람을, 사건을, 사물을 유심히 본다. 호기심이 발동해 관찰하고 본 것을 말한다. 아니 말하기 위해 열심히 관찰한다. 관찰은 나만의 느낌과 독창적인 생각을 만드는 출발점이다. 보는 것만 실재하는 세계이고, 말하기의 대상이 된다. 우리는 관찰하고, 그걸 말로 표현하는 법을 태어난 직후부터 끊임없이 배우는데 그 단계는 다음과 같다.

1단계는 눈에 보이는 것을 있는 그대로 보고, 말해보는 것이다. 이것은 누구나 할 수 있다. 학교에 들어가기 전까지 "이게 뭐야. 저건 뭐야?"라고 부모가 물으면 이에 대답하며 보이는 것을 말로 표현하는 훈련을 한다.

2단계는 느낌이나 감상을 말하는 단계다. 사람들은 초등학교 때부터 느낀 점을 말해보라고 강요받는다. 느낀 게 없어도 억지로 만들어 말해야 한다. 그 과정을 통해 자기만의 생각이 자라고 타인과 소통하는 법을 배운다.

3단계는 분석적으로 관찰하는 단계다. 나름의 시각과 관점, 해석을 만드는 단계다. 이 훈련을 많이 한 사람은 핵심을 꿰뚫는 예리한 발언으로 주목받게 된다. 그래서 직장생활에 요긴한 훈련이다.

그리고 마지막 단계는 없던 세계를 창조하는 단계다. 보이는 것 그 너머를 보는 상상의 단계인데, 소설가 김훈은 이순신 장군의 『난중일기』를 읽고 소설 『칼의 노래』를 썼다.

4장

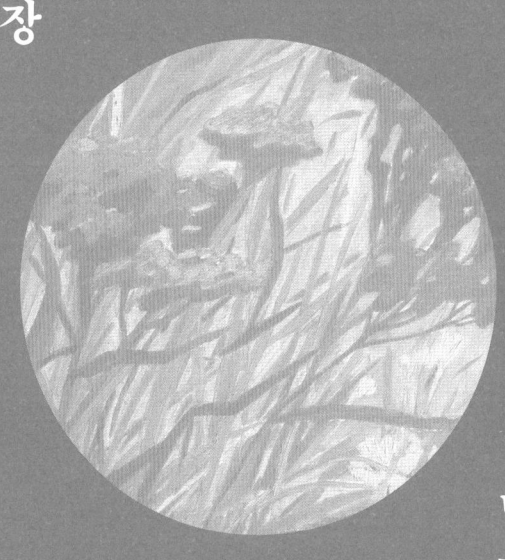

말을 비우고
대화를 채웁니다

들어주는 것을 넘어
상대의 말을 끌어내라

 말을 잘한다고 대화를 잘하게 될까? 그렇지 않다. 그 둘은 엄연히 별개다. 말을 못해도 대화는 잘할 수 있고, 말 잘하는 사람이 오히려 대화에 서툴 수도 있다. 말을 잘하는 사람은 잘 듣지 않는 경향이 있기 때문이다. 그렇다고 잘 들어주면 대화를 잘하는 걸까? 그건 또 그렇지 않다. 경청만으로는 부족하다. 한 걸음 더 나아가야 한다. 들어주는 것을 넘어 상대의 말을 끌어내야 한다. 말을 이끌어내는 능력이 대화 역량이다.

 프랑스 작가 장자크 상페는 『뉴욕 스케치』라는 책에서 대화 잘하는 방법으로 두 가지를 이야기했다. 뉴요커들의 말버릇을 관찰해보니, 대화에 능한 사람은 두 가지를 잘하더라는 것이다. 바로 감탄과 질문이다. 상대방 이야기에 습관처럼 감탄사와 물음표를 달아준다. "정말?", "와우 대단해!"라고 반응하고 "그래서 어찌 됐는데?", "그랬더니 뭐래?" 하며 상대의 말을 지속적으로 이끌어낸다.

즉 대화를 잘하려면 경청, 공감, 질문, 이 세 가지를 잘해야 한다는 뜻이다. 듣고 공감해주고 묻는 것이다. "그랬구나", "힘들었겠다", "그래서 어떻게 됐어?" 이렇게 말이다.

배구나 탁구 경기에 비유해보자. 운동경기는 내가 점수를 많이 내야 승리하는 게임이다. 그런데 대화라는 경주는 상대가 점수를 많이 내도록 도와줘야 이기는 게임이다. 상대가 내 공을 받지 못하도록 강 스파이크를 날리는 게 아니라, 상대방이 내 말을 잘 받아서 내게 다시 말을 던질 수 있도록 해야 하는 것이다. 상대가 점수를 많이 낼 수 있도록 도와야 결국 내가 승부에서 이긴다.

국내외를 막론하고 뛰어난 진행자는 그런 역량이 있다. 오프라 윈프리나 유재석 모두 말을 잘하는 사람이 아니다. 말을 잘 이끌어내는 사람이다. 자랑하고 싶은데 욕먹을까 봐 주저하는 말, 숨겨둔 비밀이지만 털어놔버리고 싶은 말, 그러니까 상대가 하고 싶은 말을 할 수 있게 만들어주는 게 이들의 공통점이다.

물론 쉽지 않다. 자신을 내려놓아야 하고, 상대가 무슨 말을 하고 싶은지 알아야 한다. 또 그것을 알았다 하더라도 다그치거나 재촉해서는 안 된다. 스스로 말할 수 있게 편한 상태를 만들어줘야 한다. 어쩌면 이런 일은 낯을 가리고 말주변 없는 사람이 더 잘할 수 있다. 그렇게만 해주면 "그 사람 만나면 왠지 즐겁고 신나", "그 친구 참 재미있어" 하는 소리를 듣는다.

김대중 대통령이 그랬다. "대화의 요체는 말하는 수사학에 있지 않고, 말을 듣는 심리학에 있다." 이 말의 뜻을 쉰 살 넘어 깨달았다. 간혹 나는 말한 게 없는데 자기 혼자 떠들고는 내가 재미있다고 하는 사람이 있다. 실컷 말하니 신나고 즐거웠을 것이다. 그러면 됐다. 사람은 누구나 자기가 가장 소중하니까.

좋은 사람의
말투를 닮아간다

1986년에 운전면허를 땄다. 올해로 35년 차 무사고 경력자다. 그런데 아내는 내가 운전하는 차를 타면 불안해한다. 운전을 시작한 지 고작 5년밖에 되지 않았는데 말이다. 운전할 줄 알기 전까지는 그렇지 않았다. 내가 운전하는 차에 타면 편안해할 뿐 아니라 무척 고마워했다. 그러던 아내가 왜 바뀌었을까? 아내에게 자신만의 운전 패턴이 생겼기 때문이다. 좌회전 우회전할 때는 어느 각도로 돌고, 신호대기에서 앞차와는 어느 정도 거리를 두고 서며, 주행속도는 얼마를 유지하는지, 자신만의 감과 규칙이 생겼는데 내 운전이 그것과 맞지 않으니 자신도 모르게 발에 힘이 들어가고 불편한 것이다.

말도 그렇다. 자기만의 패턴이 있다. 자기만의 말씨, 말투, 말버릇이 있다. 자기와 어투가 비슷한 사람의 말은 술술 들리는 반면 그렇지 않은 사람의 말을 듣고 있으면 삐걱대고 터덕거린다. 어투도 사람마다 다르니 모두를 만족시키는 말씨가 있을 수 없다. 그래도 보다 많은 사람에게 편안하게 들리고 호감을 사는 어투를 갖는 게 좋지 않을까.

말투는 다양하다. 반말투와 공손한 말투가 있고, 퉁명한 말투와 상냥한 말투, 자신 없는 말투와 활력 넘치는 말투, 투정하는 말투와 긍정적 말투가 있다.

말투도 습관이고 버릇이다. 몸에 배면 고치기 힘들고 자신의 삶에 미치는 영향도 크다. 말투는 마음가짐과 삶을 대하는 태도, 그리고 대화하는 상대에게도 영향을 미친다. 말투 때문에 늘 손해 보는 사람이 있는가 하면 말투 덕분에 일이 술술 풀리는 사람도 있다. 말투만 바꿔도 사람이 달라 보이는 법이다.

말투는 어떻게 만들어질까. 내 경우는 부모나 친구의 영향이 절대적이었다. TV나 라디오, 학교 선생님의 영향도 적지 않았던 것 같다.

말투를 고치려면 어떻게 해야 할까? 고치려는 의지가 가장 중요하다. 우선 자신의 말투에 관심을 갖고 의식적으로 들여다봐야 한다. 또한 남의 말투를 유심히 들어보면 내 말투가 어떤지, 어떻게 고쳐야 할지 알 수 있다. 그런 후 본받고 싶은 사람을 골라 그 사람의 말을 반복해 듣는다. 그러다 보면 자연스럽게 그 사람의 말투를 닮게 된다.

어제 뿌린 말의 씨앗이 오늘의 나를 만들고 오늘 뿌린 말의 씨앗이 내일의 나를 만든다. 말투는 나의 인격이며, 내일의 운명이기도 하다. 운명은 바꿀 수 있다.

더러는

실없어도 괜찮아

초등학교 시절 쉬는 시간, 내 자리 주변엔 늘 친구들이 모여 재잘재잘 떠들어댔다. 자율학습 시간에도 그랬다. '떠든 사람'으로 이름이 적혀 선생님께 야단을 맞기도 했지만 그래도 그것을 즐겼다. "쟤는 엄마가 없어서 그런지 말이 없어. 표정도 어둡고……"라는 소리를 듣고부터였다. 잡담이 필요한 시기였다.

직장에 들어가서도 마찬가지였다. 과장님이건 부장님이건 사장님이건 아니 그보다 더 높은 분이건 간에 높은 사람과 단둘이 있어야 하는 상황이 생겼다. 엘리베이터 안이나 함께 걷는 와중, 혹은 열차를 기다리는 역이나 공항 대합실인 경우도 있었다. 멀뚱하게 있을 순 없었다. 무슨 말이든 해야 했다. 잡담이 절실한 순간이었다.

영업직은 두말할 필요도 없다. 누군가를 찾아가 다짜고짜 본론부터 말해서는 성공할 확률이 희박하다. 영업하는 사람에게 30분의 시간이 주어졌다면 마지막 3분에 본론을 말하고 그 앞 27분은 잡담에 써야 한다. 마음이 열리는 예열 과정이 필요한 것이다. 상대가 경계 태세를 늦추고 들을 준비가 되게끔 만드는 데 시간과 공을 들여야 한다.

공식적인 자리에서 진지한 이야기를 하는 경우에도 '스몰토크'는 긴요하다. 가벼운 잡담으로 시작하면 일거삼득이다. 듣는 사람이 편안해지고, 말하는 자신도 긴장이 풀려 마음이 편해지며, 분위기도 자연스러워진다. 이때 필요한 잡담은 평소 준비해야 한다. 영화나 스포츠, 낚시, 등산, 교육 등 몇몇 주제에 관해 평소 얘깃거리를 모아뒀다가, 듣는 이가 누구이냐에 따라 적절한 내용을 풀어내면 좋다.

장소에 맞는 얘깃거리를 준비하는 것도 좋은 방법이다. 예를 들어, 음식이나 술에 관한 얘기를 마련해두면 식사 자리에서 요긴하게 활용할 수 있다. 시사 이슈나 최신 유행은 잡담 소재의 보물창고다. 사람을 만나기 전 짬을 내어 요새 뜨는 뉴스나 방송 프로그램, 책, 패션, 노래 등을 검색해보는 정도의 성의만 있으면 된다. 자신이 겪은 재미있는 일화나 누군가의 에피소드도 좋은 재료다. 무엇이 됐든, 얘깃거리를 준비하는 노력이 중요하다.

잡담 잘하는 기술은 특별할 게 없다. 의미 있는 말을 하려는 욕심만 버리면 된다. 실없는 사람이 되겠다고 마음먹고 말을 먼저 건네면 된다. 건강 얘기로 대화를 풀어가고 싶으면 "건강은 어떠세요?"라고 운을 떼고, 일 얘기를 꺼내고 싶으면 "바쁘시지요?"라고 말을 붙인다. 그러면 원하는 방향으로 대화의 물꼬를 틀 수 있다. 먼저 말 붙이기가 정 부담스럽다면, 시작된 말을 끊기지 않게라도 해보자. 상대의 말을 듣고 적절히 맞장구를 쳐주거나 질문을 던지면서 대화의 흐름을 이어가는 것이다.

뭔가 의미심장한 말을 하려고 작심하고 기회를 엿보는 시도가 오히려 분위기를 망친다. 대화의 흐름을 타는 것이 중요하다. 말의 파도 위에 몸을 던지고 서핑을 즐겨보자. 잡담은 상대에게 호감을 얻는 기회이다. 그 기회를 잘 활용하면 같이 있어도 부담 없는 사람, 함께 밥 먹고 싶은 사람이 된다.

3가지를 준비하고
3가지를 조심하라

나는 누군가를 만나러갈 때 세 가지를 준비한다. 농담거리, 칭찬거리, 질문거리가 그것이다. 농담이나 잡담거리는 대화를 시작할 때 써먹는다. 처음 만나거나 어려운 관계일 때는 자칫 가볍고 실없는 사람으로 보일 수도 있지만 기꺼이 위험을 감수한다. 잃는 것보다 얻는 게 많기 때문이다.

다만 누울 자리를 보고 발을 뻗을 필요는 있다. 농담을 결례라고 생각하는 사람도 간혹 있기 때문이다. '나를 얼마나 쉽게 봤으면 초면에 저런 농담을 할까. 내가 그렇게 만만해?'라고 반감을 갖는 사람도 있다는 걸 유념해야 한다.

칭찬거리는 미리 준비하기도 하고 대화를 나누며 찾아보기도 한다. 가장 쉽고 편안한 소재는 옷차림이나 외모에 관한 것이다. '건강해 보인다'든가 '젊어졌다' 등등 무언가를 축하해주는 것도 좋은 칭찬거리다. 추켜세우는 말은 언제나 효과 만점이다.

질문거리는 대화 중에 여러모로 유용하다. 질문은 대화를 이어갈 수 있는 가장 좋은 수단이다. 질문한다는 것은 상대에게 말할 기회를 주는 일일뿐 아니라 들을 준비가 되어 있음을 보여주는 것이기도 하다. 나아가 상대에 대해 더 알고 싶다는 관심의 표현이기도 하다. 뿐만 아니라 상대의 의중을 파악할 수 있다는 장점도 있다. 직장에서 상사에게 하는 질문은 일을 더 잘하고 싶다는 뜻을 내비치는 일인 동시에, 답변을 통해 알게 된 사실은 일의 시행착오를 줄이는 데 도움이 된다.

그에 반해 조심해야 할 말도 있다. 첫째, 지켜야 할 비밀을 누설하거나 사실과 다른 말을 하지 말아야 한다. 둘째, 상대를 희롱하거나 누군가를 폄훼, 비하, 차별하는 말을 주의해야 한다. 셋째, 역사 인식의 부재나 이념의 극단적 편향에서 비롯된 망언을 삼가야 한다. 백 마디 말을 잘하다가도 이런 한마디가 대화에 찬물을 끼얹고 두고두고 후환거리로 남을 수 있다.

유머는
둘이 치는 손뼉

17대 국회가 개원하는 날이었다. 노무현 대통령의 축하 연설 순서가 있었다. 대통령은 우리 국회에도 웃음과 유쾌함이 있으면 좋겠다며 연설 내용에 유머를 넣어보자고 했다. 국회가 웃으면 국민도 마음이 편해질 거라는 뜻에서였다. 연설비서실은 평소 하지 않던 일이라 많이 고민했다. 서너 가지 내용을 준비해 보고했고, 대통령이 취사선택했다.

하지만 실제 연설에서는 활용하지 못했다. 그날 국회의원 절반은 대통령의 입장부터 환영하지 않았다. 연설 도중에 박수도 치지 않았다. 그런 분위기에서는 유머를 구사할 수 없다.

한번은 노무현 대통령이 해외 순방길에 나서며 한 말이 논란

이 되었다. "요즘 대한민국의 두 가지 걱정거리는 태풍과 대통령 아닙니까? 이제 내가 국내에 없으니 태풍만 막으면 나라가 조용할 것입니다." 이런저런 일로 언론의 입방아에 오르내리던 상황에서도 대통령은 자신을 깎아내리며 국민에게 웃음을 주려 했다. 그러나 반응은 썰렁했다. "대통령의 입이 문제다, 그게 할 소리냐, 입이 너무 가볍다……." 비난이 쏟아졌다.

당시 "개그는 개그일 뿐 오해하지 말자"라는 유행어가 있었다. 웃자고 한 말에 죽자고 달려드는 이들을 보며 안타까웠다.

유머는 받아들여지는 환경에서야 비로소 가능하다. 서로에게 어느 정도 신뢰가 있고, 경쟁하기보다 협력하는 분위기, 그래서 듣는 이가 웃어줄 준비가 되어 있어야 한다. 웃기는 사람과 웃어줄 사람, 양쪽이 서로를 배려하는 마음이 있어야 유머는 성공한다. 재미를 주고 싶은 마음과 그런 상대의 마음을 알아주는 마음이 합해졌을 때 웃음이 터져나온다.

그렇게 터져나온 유머는 얼마나 값진가!

유머는 김치찌개에 들어가는 비곗살과 같다. 비곗살이 들어가지 않는 김치찌개는 퍽퍽하다. 유머는 소고기의 마블링과도 같다. 고기를 연하게 하고 육즙을 보존하는 마블링은 소고기의 꽃이 아니던가. 그런 점에서 유머는 실없는 소리가 아니다. 실속 있는 소리다.

유머는 호감을 높인다. 사람들이 나를 좋아하게 만들고 싶다면 유머만 한 것이 없다. 일가친척이 모이는 가족 모임을 떠올려보자. 종종거리며 바쁘게 일하는 사람이 있는가 하면 툭툭 우스갯소리를 던져 좌중을 웃기는 사람이 있다. 사람들은 누구에게 더 호감을 느낄까? 십중팔구 후자이다.

일은 내가 다 했는데 관심 끄는 사람은 따로 있다고 푸념해도 소용없다. 세상은 그렇게 돌아간다. 많이 아는 사람과 유머 있는 사람 가운데 누가 더 인기 있을까? 지식이 많은 사람을 믿고 따를 가능성은 높지만 좋아할 확률은 높지 않다. 학교 다닐 적 성적이 좋은 친구와 공부는 못해도 웃음을 주던 친구가 사회에 나가서 희비가 엇갈리는 경우, 많지 않던가.

유머는 건강을 준다. 웃음을 주는 일은 자신뿐 아니라 상대를 건강하게 한다. 미국 스탠퍼드 의대의 윌리엄 프라이 박사가 진행한 웃음과 건강에 관한 연구에 따르면, 20분 동안 웃는 것은 3분 동안 격렬하게 노를 젓는 것과 같은 운동효과가 있다고 한다. 그런 점에서 어릴 적 즐겨 봤던 코미디 프로그램 〈웃으면 복이 와요〉는 진리에 가깝다. 인간이 누리는 복 중에 최고의 복은 건강이니까.

유머는 설득력이기도 하다. 여성에게 구애하는 세 남자가 있다고 하자. 한 사람은 "결혼하면 당신을 고관대작의 아내로 만들어주겠다"고 했고, 다른 사람은 "원하는 것은 뭐든 살 수 있는 풍족함을 선사하겠다"고 했다. 그리고 마지막 사람은 "나와 결혼해주면 하루 3번 이상 웃게 하겠다"고 했다. 당신이라면 누구와 평생을 함께하겠는가.

사람은 누구나 즐겁게 살고 싶어 한다. 우리는 늘 웃음에 굶주려 있다. 요즘과 같이 현실이 팍팍한 때일수록 유머가 필요하다.

'인싸'가 되고 싶은
당신을 위해

    내가 열심히 얘기하는데 사람들이 딴짓만 해서 속상한 경험이 있는가? 나는 대학 시절에 그런 경험을 많이 했다. 다른 친구들이 말하면 집중하는데 내가 얘기할 때는 분위기가 산만해진다. 여기 주목 좀 해달라고 애원할 수도 없고, 그렇다고 화를 낼 수도 없고 난감하다. 사람들과 대화할 때, 내 말에 귀를 기울이게 하는 방법은 무엇일까?

    우선 목소리는 좀 크고 봐야 한다. 그래서 나는 평소보다 한 옥타브 올려서 말한다. 그래야 말에 생기가 돌고 주목도 끌 수 있다.

    질문으로 시작하는 것도 좋다. "너희 그거 알아?" 이렇게 말이다. 사람들은 질문을 하면 일단 눈길을 준다. '안 들으면 너희만 손해야'라는 느낌을 주는 것도 효과가 있다. 내 이야기가 피가 되고 살이 될 것 같은 뉘앙스를 풍기면서 말을 시작하는 것이다.

모두를 대상으로 하지 않고, 내 말을 잘 들어주는 사람에게 말하는 것도 방법이다. 그 사람이 좌중을 주도하는 사람이면 금상첨화다. 그러다 보면 자연스럽게 다른 사람들을 끌어들일 수 있다. 처음에 비중 있는 사람에게만 시선을 주다가, 돌아가면서 한 사람 한 사람에게 고루 관심을 보여주면 누구나 좋아하며 집중한다.

인용도 좋다. 예전엔 '신문에 났다'고 하면 잘 통했다. 그처럼 남의 권위를 빌려오는 것도 좋은 방법이다. '누가 이렇게 말했다', '어디에 이렇게 쓰여 있더라'는 말은 여전히 주목을 끈다. 듣는 사람도 나중에 써먹기 위해 귀를 기울인다.

주의를 환기하는 말도 이목을 끈다. 이른바 '낚는' 기술이다. '무슨 씻나락 까먹는 소리야?'라는 반응이 나오는 엉뚱한 말을 꺼내는 것이다.

말할 기회를 얻는 노력도 필요하다. 누가 내게 물어봐주면 좋겠는데, 아무도 관심을 가져주지 않을 때는 스스로 치고 들어가야 한다. 특히 예능이나 토크 프로그램에 나갔을 때는 이렇게 훅 치고 들어가는 능력이 중요했다. "그런데 말이야" 하면서 말할 기회를 낚아채는 것이다. 낚아채기가 힘든 사람은 남의 말을 잘 받아서 묻어가면 된다. "맞아, 나도 그렇게 생각해" 또는 "나는 그렇게 생각하지 않는데" 하면서 말이다.

발언 기회가 왔을 때 나에 대한 주의 집중이 흐트러지지 않게 하는 일도 중요하다. 그러기 위해서는 너무 길게 말하지 않아야 한다. 그리고 중요한 얘기를 먼저 말해야 한다. 3초 안에 주의를 끌지 못하면 내 말은 묻히고 만다.

이런 기술적인 방법도 필요하지만, 가장 중요한 것은 다음의 두 가지다. 그 하나는 남의 말을 잘 들어주는 것이다. 주어야 받을 수 있다는 건 만고불변의 진리다. 그리고 다른 하나는 자기가 생각해도 귀담아들을 만한 말을 하는 것이다. 참고 들어주는 인내심에도 한계가 있기 때문이다.

첫마디는
힘 빼고 담백하게

첫마디는 엉킨 머릿속 말을 푸는 실마리다. 첫마디가 잘 풀리면 대화든 강연이든 실타래가 술술 풀린다. 첫마디가 떠오르지 않거나 엉키면 말이 줄줄 꼬인다. 그만큼 첫마디는 중요하다.

나는 어려운 분을 만날 때 첫마디를 어떻게 꺼낼까 많이 고민한다. 특히 처음 만나는 사람인 경우에는 고뇌까지 이어진다. 젊은 시절 설렘 반 두려움 반으로 소개팅 자리에 나갈 때의 심정 같다.

대통령과 기업의 회장을 모시면서 그들의 첫마디를 유심히 지켜보았다. 회의, 대화, 식사, 접견 등 말을 해야 하는 모든 자리에 맞춰 말씀 자료를 준비해서 드렸지만, 써준 대로 첫마디를 하는 경우는 거의 없었다. 그들의 첫마디 특징은 이렇게 요약할 수 있다.

첫째, 평범하다. 날씨나 건강 얘기 등 상투적인 말로 시작한다. '저러실 줄 알았으면 그렇게 고민할 필요가 없었는데' 하면서도 나는 또다시 잔뜩 힘이 들어간 첫마디를 준비하곤 했다. 무언가 그럴싸한 말로 시작해야 한다는 강박이 있었다. 그런데 상식적으로 생각해보면 알 수 있다. 첫마디부터 무겁고 느끼하게 시작하는 게 과연 맞는지. 애써 인상적인 말을 하려고 달려들면 왠지 부자연스럽다.

둘째, 짧다. 첫마디를 길게 하지 않는다. 첫마디가 장황하면 모두연설(冒頭演說)이 된다. 상대에 대한 결례다. 가볍게 치고 들어가는 정도여야 한다.

셋째, 목적이 없다. 의도를 갖고 말하지 않는다. 그야말로 잡담 수준이다. 처음부터 의미심장한 말을 꺼내는 것은 허심탄회한 대화에 걸림돌이 된다.

상대의 옷차림이나 만나는 장소의 분위기 등 별 의미 없고 가벼운 얘기로 말문을 열면 좋다.

그런데 나는 그걸 잘 못한다. 그분들은 평범하게 말해도 비범하게 들리지만, 내가 그러면 자칫 성의 없고 가벼워 보인다. 그래서 나름의 첫마디를 고안했다. 보통 세 가지 가운데 하나로 말문을 연다.

그 하나는 상대에 대한 칭찬이다. 이건 실패하는 법이 없다. 그리고 칭찬거리는 어떻게든 찾아진다. 오늘따라 더 젊어 보인다는 말부터 어쩌면 그렇게 약속시간을 정확히 지키느냐는 말까지, 칭찬의 소재가 무궁무진하다. 사회적으로 잘 알려진 분을 만날 때는 인물 정보를 검색해보는 수고도 아끼지 않는다.

다른 하나는 나의 근황에 관해 말하는 것이다. 따로 준비할 필요가 없고, 상대의 요즘 상황 얘기로 자연스럽게 넘어갈 수 있어 무난한 첫마디가 된다.

이도저도 아니면 뉴스 얘기로 시작한다. 정치 뉴스보다는 이슈가 되고 있는 사회 뉴스가 적절하다. 상대를 만나러 가는 차 안에서 포털사이트 메인 페이지 상위에 올라 있는 뉴스를 검색해보면 간단하게 준비할 수 있다.

어떤 내용으로 시작하든 첫마디에서 점수를 내거나 장타를 치려고 해선 안 된다. 어깨에 힘을 빼고 번트를 대듯이 툭, 가볍게 이야기를 시작하는 게 좋다.

내 몸짓은
무슨 말을 하고 있나

노무현 대통령이 2006년 12월 민주평화통일자문회의에서 연설했다. "부끄러운 줄 알아야지"라는 어록을 남긴 명연설이었다. 그런데 언론은 연설 도중 대통령이 바지 호주머니에 잠깐 손을 집어넣은 순간을 포착해 크게 보도했다. 연설 내용은 뒷전으로 밀려나고 연설 태도만 집중포화를 맞았다. 대통령으로서는 섭섭하고 억울했겠지만, 몸짓 언어에 관해 생각해보는 계기도 됐다.

"언어가 생각을 감추기 위해 존재한다면, 몸짓은 생각을 드러내기 위해 존재한다." 수학자 존 네이피어가 한 말이다. 거짓말할 때 우리 몸이 보이는 반응을 생각하면 기가 막히게 맞아 떨어진다.

거짓말을 하면 특정 호르몬이 분비되어서, 가려운 느낌에 코를 만지게 된다고 한다. 이를 피노키오 증후군이라고 한다. 피노키오가 거짓말을 하면 코가 길어지는 데는 과학적 근거가 있었던 셈이다. 공교롭게도 나는 말하다가 코를 만지는 버릇이 있다. 이 증후군을 알게 된 뒤부터는 의식적으로 코를 만지지 않으려고 애쓰지만, 내 의지와 상관없이 자꾸 코로 손이 간다.

FBI 출신의 특별수사관 조 내버로의 저서 『FBI 행동의 심리학』*에 따르면, 사람은 거짓말할 때 몇 가지 특징을 보인다. 코를 만지거나 긁는 행동, 눈을 가리거나 눈썹을 만지는 행동, 입술을 앙다물거나 오므리는 행동, 목을 가리거나 마사지하는 행동, 다리를 꼬거나 의자에 늘어진 자세로 앉는 행동이 그렇다.

꼭 거짓말 때문이 아니더라도 이런 태도는 상대방에게 좋은 인상을 주지 못한다. 주의를 산만하게 하고, 상대의 얘기에 집중하지 않고 있다는 인상을 준다. 이 밖에도 말을 하면서 물건을 만지작거린다든가, 다리를 떤다든가, 팔짱을 끼고 듣는다든가 하는 것도 공연한 오해를 살 수 있는 행동들이다.

제스처, 보디랭귀지, 자세, 태도 등 몸짓 언어는 때로 말보다 더 중요한 역할을 한다. '맞는 말을 듣기 싫게 한다'는 평가를 받는다면, 비언어적 요소에 문제가 있지는 않은지 점검해봐야 한다. 말은 귀로만 듣는 게 아니라 눈으로도 받아들이기 때문이다.

여유로운 자세, 확신에 찬 표정, 자연스런 고갯짓, 적절한 손동작, 안정적인 시선, 목소리 톤 등이 순간순간 자신의 메시지를 전하고 있다. 말에 적절한 몸짓이 더해지면 메시지 전달 효과는 커진다. 말을 잘한다는 사람들의 제스처나 표정을 유심히 살펴보라. 대부분 자기 나름의 자세와 몸짓이 있다. 그것이 그 사람의 트레이드마크가 되기도 한다.

입으로 나오는 말 외에도 몸짓으로 표현하는 말까지 조절할 때 비로소 연륜 혹은 내공이 드러난다. 대화할 때 눈을 맞추는 건 기본이고, 고개를 끄덕이는 것으로 더 적극적인 동의를 표하고, 상대방의 표정과 행동을 따라 함으로써 공감하고 있다는 걸 보여주고, 상대의 말을 메모하면서 당신 얘기를 중요하게 여긴다는 신호를 보내줄 수도 있다.

이런 작은 노력만으로도 대화가 훨씬 원활하고 즐거워진다. 협상이나 계약같이 중요한 일로 나누는 대화라면 더 결정적인 힘을 발휘할 것이다.

말의 선명도를 낮추는 5적

 말이 선명한 사람이 있는가 하면 흐릿한 사람이 있다. 그런데 불투명하게 말하면 괜한 손해를 볼 수 있다. 무엇보다 솔직해 보이지 않는다. 뭔가를 감추고 있다는 인상을 준다. 자신이 전하고자 하는 내용이 온전하게 상대에 이르지도 못한다. "내 뜻은 그게 아니었다", "내 진의를 잘못 파악했다"라고 항변해봐야 이미 쏟아진 물이다. 그걸 주워 담고 시정하는 데 너무 많은 수고가 들어간다.

 명확하게 말하기 위해 피해야 할 다섯 가지가 있다. 불명확 5적(敵)이다.

 첫 번째 적은 전제 조건을 다는 것이다. 하고자 하는 말 앞에

'……합니다만'이라는 단서를 붙인다. 자기 말에 자신이 없는 경우다. 빠져나갈 구멍을 미리 만들어놓는 것이다.

두 번째 적은 말끝을 흐리는 것이다. 얼버무린다고도 하는데, 끝까지 말하지 않고 말줄임표로 말을 마친다. '~같다', '~인 듯하다', '~로 보여진다'라는 말을 덧붙이기도 한다. '본다'라고 하면 될 것을 '보인다'도 아니고 '보여진다'고 말한다.

세 번째 적은 주어를 빼고 말하는 것이다. 사돈 남 말 하듯 하는 것이다. 방송기자들이 자주 쓰는 '~라고 알려졌습니다'도 여기에 해당한다. '알려졌다'의 주어는 사람이 아니다. '사실'이다. 그렇다면 그 사실은 누가 말한 것인가. 확인되지 않은 풍문이나 낭설에 불과한 것인가?

네 번째 적은 지시대명사의 남발이다. '그것', '저것', '이것' 등의 지시대명사를 많이 쓰면 '거시기' 화법이 될 공산이 크다.

다섯 번째 적은 이중부정과 피동형이다. '꼭 그렇다고 말할 수 없는 것은 아니지만' 등과 같이 비비 꼬아 이중부정하거나 '~라고 예측한다', '~라고 부른다' 하면 될 것을 '~로 예측된다', '~라고 불리운다'같이 피동형으로 말한다.

애매모호한 말투가 도움이 될 때도 있다. 딱 부러지게 말하면 자칫 예의 없어 보일 때도 있다. 직설적으로, 단도직입적으로 말하면 머리를 꼿꼿이 쳐들고 대드는 모양새로 비친다. "네가 그렇게 자신 있어? 지금 누구를 가르치려 들어?"라는 반응을 부를 수 있다. 그래서 우리는 모호함 속으로 숨으려고 한다.

나 역시 이런 모호함을 방패 삼는 경우가 많다. 아내가 술 마셨느냐고 물으면 이렇게 말한다. "오늘 좀 기분 나쁜 일이 있기는 했는데…… 그렇다고 술을 많이 마신 건 아니고, 친구들이 붙잡지만 않았어도 일찍 들어왔을 텐데 말이야."

말실수를 줄이려면

KBS 1라디오 〈강원국의 말 같은 말〉 원고 내용 중에 "나는 장님입니다"라는 구절이 있었다. 녹음을 마치고 며칠이 지났는데 급하게 담당 피디가 전화했다.

"'장님'이란 표현이 심의에 걸려 그 대목만 다시 녹음해야겠습니다."

그 한마디를 다시 녹음하기 위해 방송국을 찾았다.

"나는 앞을 못 보는 사람입니다."

'장님'은 장애인을 비하하는 표현이라는 것이다. 그러고 보니 '장애우'라는 표현도 이제는 사용하지 않는다. '장애우'의 '벗 우' 자가 동정의 의미를 내포하고 있어 그 자체가 차별이다.

자기도 모르게 우리는 차별하는 언어를 쓴다. 나 역시 그런 실수를 한 적이 많다.

친구의 출간기념회에서 축사를 했다. 자리에 함께한 선배를 언급하면서 무심코 '여류 시인'이란 말을 썼다. 축사가 끝나고 그 선배가 내게 다가와 이렇게 말했다. "저를 얘기해준 건 고마운데 '여류 시인'이란 말은 남녀를 차별하는 말입니다." 뜨끔했다. 이런 예는 너무 많다. 여배우, 여선생, 여학교, 여직원 등등. 의도하지 않았더라도 명백한 말실수다.

'미망인(未亡人)'이란 말도 남녀 차별이다. 미망인은 죽은 남편을 못 잊는 아내가 아니다. 남편과 생사를 함께해야 하는데, 아직 죽지 못하고 있는 사람이란 뜻이다. 남편이 죽으면 따라 죽어야 하는가? 왜 남자에게는 미망인이란 표현을 쓰지 않는가? 이처럼 차별의 의미가 담겨 있는 말을 하지 않도록 조심해야 한다. 늘 깨어 있고 계속 배워야 한다.

이 밖에도 우리는 언제 말실수를 할까? 친하다고 생각할 때와 흥분했을 때, 그리고 당황했을 때다. 우선 친한 관계면 방심하게 된다. 뭐라 하든 이해해줄 거라 여겨 주의를 기울이지 않고 말하게 된다. 그런데 듣는 사람은 '친하다는 사람이 어떻게 그렇게 말할 수 있느냐'며 더 큰 상처를 받을 수 있다. 우스갯소리로 한 말이, 자기 딴에는 위로한다고 한 말이 상대에게는 비수가 되어 꽂힌다. 어찌 보면 당연하다. 관계가 좋지 않거나 소원한 사람에게는 기대도 없다. 그가 어떤 말을 하건 별 관심이 없다. 문제는 친한 사람이다. 막역한 관계일수록 말조심해야 한다.

아버님이 암 수술을 받고 입원해 있을 당시, 가장 친한 친구분이 병문안을 왔다. "이렇게 더운 한여름에 피서 잘하고 있구먼." 남은 사경을 헤매고 있는데 그게 할 소리냐며 그 이후 관계가 소원해졌다.

흥분했을 때도 말실수를 저지른다. 자기감정에 취해 있을 때다. 극도로 슬프거나 기쁠 때, 외로울 때는 남의 감정을 살피지 않는다. 나부터 살고 봐야겠다는 심정으로 남을 신경 쓸 겨를이 없다. 자신의 감정에 충실한 나머지 타인의 감정에 대한 감수성이 무뎌진 상황이다. 나는 술을 마셨을 때 그런 상태가 된다. 대부분 나의 말실수는 이때 일어난다. 다음 날 함께 자리했던 사람에게 연락해 '어제 내가 무슨 실수하지 않았느냐'고 묻는 창피를 감수해야 한다.

당황했을 때도 말실수를 한다. 아들이 고등학교 3학년이던 때 아내와 동호인 모임에 나갔다. 처음 만나는 사람과 인사를 나누던 중 한 분이 아들의 고2 담임 선생님이란 사실을 알게 됐다. 어찌나 죄송하던지. 한번도 인사를 드린 적이 없기 때문이다. 당황한 아내는 이렇게 말했다. "찾아뵈야 했는데 그때마다 바쁘고 '아다리'가 안 돼서요." 처음 뵌 선생님에게 '아다리'라니! 아내도 그 순간 아차 싶었다며, 지금도 그 생각만 하면 머리카락을 쥐어뜯게 된다고 한다. 누구나 당황하는 순간이 있다. 그땐 잠시 말을 멈추고 심호흡해야 한다. '침착하자! 침착해야 한다!'를 되뇌어야 한다.

간결하게 말합시다

아내는 내게 길게 말하지 않는다. "말로 할 때 들어", "또 말하게 하지 마"와 같은 몇 마디로 의사를 전달한다. 그렇게 뜻을 관철한다. 잔소리는 없다. 적어도 내게는 그렇다. 그런데 아들에게는 다르다. 말이 길어진다. 우선, 한 말을 또 하고 또 한다. 노파심에서 그렇다. 못 알아들었을까 봐, 중요한 내용이어서 등의 이유 때문이다. 자신은 강조한다고 반복하지만, 이미 말을 알아들은 사람에게는 중복이고 동어반복이다.

여기서 그치면 좋으련만, 중복에 무언가가 추가된다. 그 무언가는 주제에서 벗어난 내용이다. 자기가 말하려던 내용에서 이탈하는 경우다. 배가 산으로 간다. 그럴수록 말하는 사람은

신이 난다. 무당이 작두를 타듯 청산유수다. 반면 듣는 사람에게는 그런 고역이 없다.

간결하게 말하지 못하는 사람의 특징 중 하나는 서론이 길다는 점이다. 곧장 본론으로 직행하지 않는다. 앞에 자락을 너무 길게 깐다. 꼬리가 몸통을 흔드는 격이다. 또 말이 길어지는 경우는, 할 말이 많은 주제를 만날 때다. 그것에 관해 잘 알고 있거나 열정과 애정이 있는 경우다. 엄마가 아들딸에게, 선생님이 제자에게, 상사가 부하에게 하는 말이 여기에 해당한다. 그럴수록 말을 줄여야 한다.

방법은 한마디를 고민하는 것이다. 한마디만 해야 한다면 무슨 말을 할 것인가? 그 한마디로 출발한다. 그 한마디에 한마디, 또 한마디를 아껴가며 보탠다. 불필요한 말은 붙을 자리가 없다.

대통령이나 회장을 모실 때도 마찬가지였다. "편하게 말해보라"고 하지만 그분들은 시간 여유가 없다. 최대한 짧게 말해야 한다. 늘어지면 제지당한다. "그래서 하고 싶은 말이 뭐지요?"라는 말이 나오면 낭패다.

끝을 질질 끄는 것도 말이 길어지는 요인이 된다. 이렇게 말하는 사람들의 말은 끝날 듯 끝나지 않고 다시 이어지고 새로운 내용이 보태진다. 그럴 수밖에 없다. 말이 끝날 때쯤에야 스스로 할 말이 정리되기 때문이다. 앞에서 했던 말이 말을 불러온다. 뒤로 갈수록 할 말이 더 생각난다. 이런 사족을 조심해야 한다.

그런데 살아 보니 간결한 말만 좋은 게 아니더라. 나는 요새 하루 종일 아내와 지낸다. 둘 다 직장에 나가지 않기 때문이다. 긴 말이 고프다. 중언부언도 좋고 잔소리도 좋다. 아내가 아들 말고 나한테 길게 말해주면 좋겠다.

5장

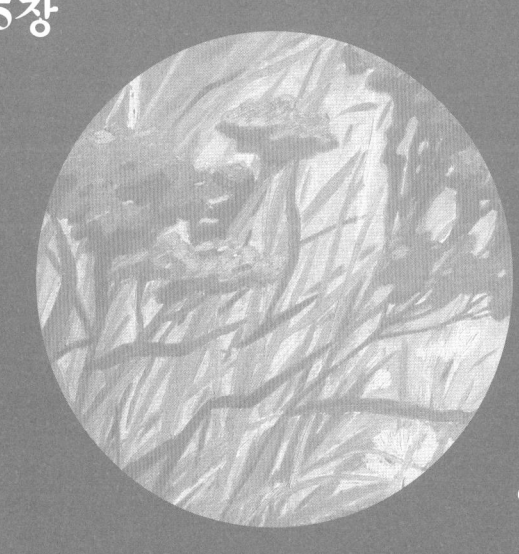

일의 본질을
잊지 않습니다

목표를 공표하라

 어니스트 헤밍웨이는 "말은 현실을 만들어낸다"라고 말했다. 실제로 그렇다. 말을 늘려서 발음하면 '마알'이 되는데, 마알은 마음의 알갱이란 뜻이다. 그러니까 말이 마음의 알갱이란 말이다. 말은 곧 자기 생각과 마음이다. 말이 바뀌면 생각과 마음이 바뀌고, 생각과 마음이 바뀌면 행동이 바뀌고, 행동이 바뀌면 습관이 바뀌고, 습관이 바뀌면 현실이 바뀐다. 모든 것이 말한 대로 된다.

 1953년 미국 예일대는 졸업생들에게 장차 이루고 싶은 꿈을 말하라고 했다. 그런데 단 3퍼센트만이 인생의 구체적인 목표와 계획을 써서 제출했다고 한다. 97퍼센트는 그저 생각만 하고 있거나 생각조차도 없었던 것이다. 20년이 지나 이들이 어떻게 살고 있는지 조사했더니, 놀랍게도 3퍼센트의 졸업생이 나머지 97퍼센트를 모두 합한 것보다 더 큰 부와 사회적 지위를 누리고 있었다고 한다. 1979년에 하버드에서 실시한 조사 결과도 크게 다르지 않았다. 3퍼센트가 나머지 97퍼센트보다 무려 10배나 많은 수입을 올리고 있었다는 것이다.

이 조사 결과가 시사하는 바는 분명하다. 뚜렷한 목표를 가진 사람이 그렇지 않은 사람보다 비교할 수 없을 정도의 성공을 이뤄낸다는 사실이다. 그런데 뚜렷한 목표를 갖고 있다는 의미는 무엇일까? 머릿속에 그런 생각이 있다고 해서 정말 목표가 있는 것일까? 마음속으로 그렇게 다짐했다고 해서 실제로 목표가 생긴 것일까?

심리학에 '자기실현적 예언효과'라는 게 있다. 사람은 공개적으로 발언하면 거기에 맞춰 자신의 태도를 변경하는 경향이 있기 때문에 말한 내용이 현실에서 이루어질 가능성이 높다는 이론이다. 이른바 '피그말리온 효과(Pygmalion effect)'라고 한다. 이런 효과는 다른 사람에게 건네는 말에서도 나타난다. 긍정적인 말을 건네면 상대방이 긍정적인 결과를 만들어내고, 부정적인 말을 건네면 부정적인 결과를 낳는다. 이와 정반대의 경우로 '골렘 효과(Golem effect)'라는 것도 있는데, 교사가 학생에 대해 부정적인 기대를 갖고 말하면 학생의 성적이 떨어진다는 것이다.

이처럼 말은 씨가 된다. 밭이 아무리 기름져도 씨를 뿌리지 않으면 열매가 맺히지 않는다. 좋은 씨앗을 뿌리면 좋은 열매를 거둔다. 콩 심은 데 콩 나고 팥 심은 데 팥난다. 뿌린 대로 거둔다. 입에서 나오는 말이 자신의, 혹은 타인의 운명을 좌우할 수 있다. 말이 다짐이 되고 언약이 되어 꿈을 현실로 만든다.

상대에 따라,
물을 담듯이

 말은 상대적이다. 같은 내용의 말도 누구에게 하느냐에 따라 결과가 달라진다. 같은 말도 어떤 사람에게는 좋은 반응을 얻는가 하면, 또 다른 사람에게는 호된 질책이나 비난을 받을 수 있다. 나 역시 이런 경험으로 억울함을 느낀 적이 있다.
 내가 모신 상사 중에 느슨한 보고를 싫어하는 분이 있었다. 보고는 짧고 밀도 있어야 한다는 게 그분의 철칙이었다. 첫마디가 "무슨 일이냐?"로 시작해 "그래서 결론이 뭐야?"로 끝나곤 했다. 보고가 좀 길어진다 싶으면 여지없이 "하고 싶은 얘기가 뭔데?" 하면서 말을 잘랐다. 이분께 보고하러 들어갈 때는 인사도 생략해야 했다. 보고는 절대 3분을 넘겨서는 안 되고,

짐짓 농담이라도 할라치면 "그렇게 한가해요?"라는 말이 돌아왔다.

그런가 하면 또 다른 상사는 결론부터 보고하면 이렇게 말했다. "다짜고짜 그게 무슨 소리야?", "무슨 바쁜 일 있어?", "왜 그렇게 사람이 급해. 이리 앉아봐" 하면서 어떻게 지내는지, 요즘 회사 분위기는 어떤지 이것저것 물었다.

이분에게 보고하러 갈 때는 정작 보고 내용보다 이분이 관심을 가질 만한 담소거리를 많이 준비해가는 게 중요했다. 여담이 승부처가 되었다. 여담이 재미있으면 본론은 그냥 무사통과일 때도 있었다.

사람은 모두 다르다. 안정적이고 보수적인 것을 좋아하는 사람이 있는가 하면 파격과 혁신을 선호하는 사람이 있다. 현실적인 사람이 있는가 하면 이상적인 걸 추구하는 사람도 있다. 명분을 중시하는 사람도 있고 실리를 중요하게 생각하는 사람도 있다. 보수적인 사람에게 새롭게 도전하자는 말은 잘 먹히지 않는다. 대신 이런 지청구를 듣게 된다. "회사를 말아먹으려고 작정했군. 나는 뭐 그런 생각 안 하는 줄 알아? 누울 자리를 보고 발을 뻗어야지!" 현실적인 사람에게 이상적인 청사진을 제시하면 "지금 무슨 잠꼬대 같은 소리야. 당신 제정신이야?"라는 타박을 듣기 십상이다. 반면 명분을 중시하는 사람에게 이익을 강조하면 속물 취급을 당할 수도 있다.

대기업 비서실에서 일할 때 나와 회장 사이에 세 분의 상사가 있었다. 세 분 모두 내로라하는 실력자에다, 개성이 뚜렷한 분들이었다. 회장께 보고하려면 이 세 분을 모두 통과해야 했다. 회장의 마음에 드는 것은 둘째치고 이분들을 통과하는 게 급선무였다. 그때 내린 결론은 같은 내용이지만 각각의 취향과 성향에 맞게 각색해서 보고하는 방법이었다. 번거롭고 울화통 터지지만 별다른 도리가 없었다. 우직하게 내 방식을 고집하다가는 통과가 안 되는 것은 물론이고, "네가 회장이야?"란 소리를 들을 수도 있었다.

우리는 상대에게 말을 건네기 전에 무슨 말을 할지, 또 그것을 어떻게 전달할지를 충분히 고민한다. 그러나 누구에게 말하는지는 간과하기 쉽다. 내 의견을 어떻게 설득할까에 대해서만 생각하지, 듣는 사람이 어떤 성향을 가졌는지, 그가 무엇을 기대하는지는 뒷전인 경우가 많다. 사실 이것이 가장 중요한데 말이다.

말은 내가 하는 것이니 내 것이라고 착각해서는 안 된다. 말은 하지 않을 때까지만 내 것이다. 내뱉은 순간, 그 말은 더 이상 내 것이 아니다. 그때부터 말의 소유권은 들은 사람에게 옮아간다. 이 엄연한 사실만 잘 받아들여도 말 잘하는 사람이 될 수 있다. 대상에 따라 카멜레온처럼 변신하는 것, 말하기에서는 무죄다.

시간을 아껴주는
보고의 정석

 군 생활만이 아니라 직장생활도 보고로 시작해서 보고로 끝난다. 직장생활이 평온하려면 보고를 잘해야 한다. 25년간 직장생활을 하면서 많은 상사를 경험했다. 대통령과 회장, 사장과 직속상사까지 보고해야 할 대상이 다양했다. 보고 대상은 직장 상사만 있는 것은 아니다. 출판사에서 일할 때는 저자, 홍보 업무를 할 때는 기자, 회사를 다닐 때는 거래처나 고객이 보고 대상이 되었다. 오랫동안 보고를 하다 보니 나름의 노하우가 생겼다.

 다음 내용은 보고하면서 내가 지키려 했던 십계명이다.

 첫째, 보고는 윗사람이 상황을 묻기 전에 먼저 하는 게 상책이다. 미리 보고하면 보고받는 사람도 보고하는 사람도 즐거운 보고가 된다. 그러기 위해서는 촉각을 곤두세우고 있어야 한다. 이쯤 되면 무슨 보고를 해야 하는지, 상사가 어떤 보고를 하라고 할 것인지 머리를 굴려봐야 한다. 그런 보고를 했을 때 상사는 "어떻게 알았어, 그렇지 않아도 지시하려고 했는데"라며 반긴다. 그 말이 사실인 경우도 있고, 보고받고 나서 생각난 경우도 있지만, 그건 중요하지 않다.

둘째, 보고는 자주 할수록 좋다. 나는 한 가지 사안을 두고 통상 세 번 정도 보고를 했다. 상사가 지시하면 다 듣고 나서 내가 이해한 내용이 맞는지 확인한다. 그리고 상사가 지시한 내용으로 아웃라인을 작성해 "이렇게 작업하려고 하는데 방향이 맞나요?"라고 물어본다.

그뿐만이 아니다. 작업하다가 상황이 바뀌거나 더 좋은 생각이 나면 "방향을 수정해서 이렇게 하려고 하는데 괜찮겠습니까?"라고 다시 물어본다. 이쯤 되면 상사가 "좀 알아서 할 수 없나요?"라며 짜증을 낸다. 그래도 나는 개의치 않고 궁금한 게 있으면 수시로 찾아가 물었다. 상사는 귀찮아 하면서도 자신도 모르게 내가 보고하는 내용에 익숙해지고 깊숙이 개입하게 된다. 이런 과정을 거쳐 최종본을 보고하면 상사는 보고내용이 자신과의 합작품이라는 마음으로 보고를 듣게 된다.

셋째, 보고 시한을 넘기지 않는다. 상사가 요구한 마감 시한을 넘기는 경우가 종종 있다. 이렇게 되면 아무리 완성도 높은 보고도 의미가 없다. 약속한 날짜를 지킬 수 없을 것 같으면 그 전에 반드시 양해를 구해야 한다.

보고 시한을 넘기지 않는 방법에는 두 가지가 있다. 그 하나는 얼추 하나를 만들어놓고 여차하면 그걸 제출하는 것이고, 다른 하나는 마감 하루 전날 배수진을 치고 올인하는 것이다.

나는 주로 두 번째 방법을 썼는데, 마감일에 가까워질수록 내 생각이 더 숙성되기 때문이다.

넷째, 보고하는 형식도 중요하다. 가벼운 보고는 점심시간이나 승강기에서 혹은 퇴근길에 해도 좋다. 긴급한 보고는 휴대전화를 이용하기도 한다. 보고 문서를 보면서 보고할 수도 있고, 회의 시간에 발표 형식으로 보고할 수도 있다. 사안의 중요도와 시급성에 따라 보고 형식을 달리해야 한다.

다섯째, 보고에서 내용 누락은 때로 치명적인 결과를 가져온다. 중요한 사안이 아니라고 판단하거나 상사가 알고 있을 거라 생각해 보고하지 않는 경우에 문제가 발생한다. 보고는 돌다리도 두드려보고 건넌다는 마음으로 해야 한다. 특별한 문제가 생기지 않는 경우에도 상사를 건너뛰면 자신을 무시했다는 생각에 분통을 터트릴 수 있다.

여섯째, 좋지 않은 내용일수록 보고해야 한다. 물론 부정적인 내용을 보고받고 좋아할 상사는 없다. 그런 이유로 꾸지람을 피하기 위해, 혹은 자기 힘으로 해결하거나, 사건을 조용히 무마하기 위해 보고하지 않는 경우도 있다. 그러나 안 좋은 내용일수록 빨리 보고해야 한다. 부정적인 내용까지 솔직히 보고하고 손해를 최소화하는 부하직원을 상사는 신뢰하게 된다.

일곱째, 보고는 상사의 질문에 답하는 것이다. 보고는 자신이 아는 것을 말하는 게 아니라, 상사가 알고 싶어 하는 것을 말해주는 자리다. 따라서 보고하러 들어갈 때는 자신이 할 말을 준비하는 것과 함께 상사가 무엇을 궁금해할지 미리 생각해야 한다. 그렇지 않으면 보고를 잘해놓고도 상사의 질문 한두 가지에 제대로 답하지 못해 공중에 흩뿌려진 서류를 주섬주섬 주워 나와야 할 수 있다.

여덟째, 당연한 얘기지만 보고는 짧을수록 좋다. 모든 상사는 바쁘다. 그리고 상사는 이미 알고 있는 게 많다. 장황하게 늘어놓지 말고 두괄식으로 짧게 보고해야 한다. 상사가 인내심을 갖고 들어줄 시간은 길어봐야 3분이다.

아홉째, 보고할 때 표정도 염두에 둬야 한다. 상사는 보고자의 말을 듣는 것 같지만 표정에 더 주목하고 있다. 보고하는 내용에 대해 얼마나 확신이 있는지, 그에 대한 열정은 얼마나 큰

지 표정을 보며 판단한다. 보고하러 가기 전에 거울을 보고 리허설해볼 것을 권한다.

열째, 신뢰관계 구축이 중요하다. 회사에서 임원으로 일할 때 누군가 보고하러 내 자리로 오고 있으면 내용을 듣기 전에 나는 이미 결정을 내렸다. 어떤 사람은 나도 모르게 반기게 되고, 그 직원이 무엇을 보고하러 왔건 일단 앉으라고 해서 '요즘 어떻게 지내는지', '어려움은 없는지' 이것저것 묻는다. 이런저런 대화 끝에 듣게 되는 보고는 자동 통과다. 이에 반해 어떤 직원에게는 심란함을 느낀다. '또 얼마나 티격태격해야 하나', '저 친구 가르치려면 오전에 다른 일은 아무것도 못하겠다' 하는 마음에 나도 모르게 보고 내용을 고깝게 듣는다. 사람이 마음에 들면 보고 내용도 마음에 들게 마련이다. 평소에 신뢰를 쌓아야 한다. 내용보다 사람이 먼저이기 때문이다.

리더는 거저
만들어지지 않는다

　리더는 누구인가, 누가 리더인가. 무엇인가를 먼저 제안하거나, '어떻게 할까요?' 하고 물어오면 현명하게 답할 수 있는 사람이다. 무언가를 해보자 제안하고 이렇게 하자고 대답하면서 말로 이끌어가는 것이 리더의 역할이다. 직급이 아무리 낮아도 이런 사람이 리더이다. 반대로, 직급이 제아무리 높아도 제안을 두려워하거나 답변을 못하는 사람은 리더가 아니다. 아랫사람은 리더의 피드백을 통해 그의 실력을 확인하는 동시에, 자신의 부족한 점을 인지하고 배우면서 성장한다.

　그렇다면 리더 역할을 제대로 수행하기 위해서는 어떤 능력을 갖춰야 할까? 내가 생각하는 답은 세 가지다.

첫 번째가 '실력'이다. 실력이란 말의 요점을 정리하고 주제를 파악하는 능력, 아랫사람의 말에서 허점과 오류를 찾아 교정해줄 수 있는 능력, 적재적소에 필요한 제안과 답을 할 수 있는 능력, 이 세 가지를 아울러 말한다. 신선한 제안과 현명한 답을 제시하려면 자신의 생각이 있어야 한다. 자기만의 견해, 해석, 관점이 필요하다. 조직과 사회와 역사의 발전 방향에 부합하는 것이면 더 좋다. 그러기 위해서는 리더 스스로 꾸준히 공부하고 고민해야 한다.

리더의 두 번째 요건은 '자기 절제'다. 리더는 자신의 말이 좋은 평가를 받건 그렇지 않건 일희일비하지 않는다. 자신을 믿고 말한다. 호평을 받았다고 우쭐하지도, 혹평에 의기소침하지도 않는다. 역경이나 좌절을 겪더라도 훌훌 털고 일어선다. 아무리 어려운 상황에서도 희망과 미래를 말한다. 판단이나 결정을 해야 할 때도 자신의 이익이나 안위에 갇히지 않는다. 자신이 속한 집단의 이익과 발전을 위한 방향, 그 편에 서려고 노력한다. 자존감이 높고 신념에 차 있으며, 손해 볼 각오가 되어 있다. 그리고 그것이 말에 고스란히 배어난다. 이런 사람의 말은 힘이 있다.

끝으로, 리더는 말과 행동이 일치해야 한다. 한번 내뱉은 말을 실천하는 리더라면 믿고 따를 수밖에 없다. 말재주가 없고,

말을 잘하지 못해도 리더로서 사랑과 존경을 받는다. 간디의 묘비석에는 이런 글귀가 쓰여 있다고 한다. "내 삶이 나의 메시지다." 나의 메시지가 무엇인지 알고 싶거든 내가 어떻게 살았는지 보라는 의미다.

질책에도
'격'이 있다

"이걸 일이라고 했어요? 머리는 폼으로 달고 다닙니까?", "도대체 무슨 생각으로 회사에 나옵니까? 당신을 낳고도 어머니는 미역국을 드셨답니까?"

내가 직장생활을 할 때만 해도 사무실에서 종종 이런 소리가 들렸다. 요즘에는 이런 말을 하는 간 큰 상사는 없을 것이고, 또 이런 소리를 들어줄 부하직원도 있을 리 만무하다. 그래도 여전히 직장이나 가정에서 엄하게 꾸짖어야 할 일은 벌어진다. 상사가 부하직원을, 부모가 자녀를 호통쳐야 하는 상황에서는 화나는 감정이 수반된다. 그러다 보면 자신에게나 상대에게 큰 상흔을 남긴다. 화내는 자신은 감정을 주체하지 못하는 사람,

심할 경우 언어폭력을 휘두르는 사람으로 낙인찍힐 수 있고, 질타받는 상대방은 씻을 수 없는 마음의 상처를 입는다. 결과적으로 질책하는 동기와 전혀 다른 결과를 불러오는 것이다.

남을 질책해야 할 때는 먼저 숨을 깊게 들이마시고 네 단어를 머리에 떠올리면 좋다. 문제, 영향, 요청, 회복이 그것이다. 예를 들어 자녀에게 방 청소 좀 하라고 나무라고 싶다면 첫째로는, 문제되는 상황을 말해야 한다. 방이 어느 정도 지저분한지 '사실 중심'으로 말하는 것이다. 즉, "방구석 꼴이 이게 뭐니"라고 감정을 앞세워 비난하는 대신, "일주일 동안 한 번도 청소하지 않았지? 방에 발 디딜 틈조차 없구나" 하고 상황을 묘사하는 것이다.

둘째, 이로 인한 부정적 영향을 말한다. "이렇게 방이 어질러져 있으면 공부에 집중하기 어렵지 않니?" 또는 "네가 청소하지 않으면 엄마가 네 방까지 신경 써야 하잖아. 그래서 힘들어." 이렇게 말이다.

셋째, 요청의 어조로 말한다. "네가 일주일에 한 번은 방을 청소했으면 좋겠어", "닦는 것까진 힘들다면 쓸기만이라도 해주렴"이라고 말이다.

그리고 마지막으로, 꾸중으로 인해 손상된 관계를 회복한다. "그렇게 할 수 있지? 나는 널 믿어"라고 말하거나 어깨를 토닥

여주면 좋다.

상대의 마음을 바꾸고 태도의 변화를 이끌어내는 이 방식은 직장에서도 그대로 적용할 수 있다.

첫째, '문제'를 지적한다. "김대리, 지난 분기 영업 실적이 전 분기에 비해 5퍼센트 정도 떨어졌군요."

둘째, 부진한 실적이 미칠 '영향'을 말한다. "이대로라면 이번 경영평가에서 우리 부서가 최하위를 기록할 것 같아 걱정입니다. 부서원 전체의 인센티브에 영향을 줄 테니까요"라는 식으로 말이다.

셋째, '요청'하거나 당부한다. "힘들겠지만 조금만 분발해서 꼴찌만이라도 면해 봅시다."

넷째, 마음을 다독이고 관계를 '회복'한다. "김대리도 열심히 하고 있는데 자꾸 실적 얘기해서 미안해요. 내 마음 이해하죠?"라고 말이다.

상관과 리더의 차이는 무엇일까? 상관은 두려움을 느끼게 하고 리더는 의욕이 샘솟게 한다. 상관은 책임을 추궁하고 리더는 문제를 해결한다. 상관은 '해'라고 말하고, 리더는 '합시다'라고 말한다. 결국 상관과 리더의 가장 큰 차이는 질책하는 순간에 나오는 말의 품격에서 드러난다.

나를 알고
뇌를 알면 백전불태

 직장 회식 자리에서 가장 높은 분의 앞자리는 비어 있거나 가장 늦게 온 사람 차지다. 대부분은 높은 사람 앞자리에 앉는 걸 꺼린다. 왜 그럴까? 어려워서 그러는 것도 있지만, 사실 우리 뇌가 피하라고 시켜서다. 누군가 나를 정면으로 응시하면 공격할지 모른다는 경계심을 갖기 마련이다. 누군가와 마주 앉는다는 건 승부를 겨루자는 신호로 읽힐 수 있다.

 자리에 관한 선호에는 남녀 차이도 있다. 남성은 좋아하는 사람과 마주 앉기를 원하고, 여성은 좋아하는 사람이 옆에 앉는 것을 선호한다. 앞뒤로 앉는 것은 소통 측면에서는 최악이다. 직장에서 상사에게 나의 뒤통수를 내어주고 앉아 있는 상황과 같다. 그래서 노무현 대통령은 수행비서가 차 앞자리의 보조석이 아닌, 당신 옆자리에 앉게 했다. 뒤통수를 보고 어떻게 대화할 수 있겠느냐는 것이다.

마트 진열대에서 오른쪽에 놓인 상품을 선택했다면, 그것도 뇌가 시킨 일일 수 있다. 사람들은 오른쪽에 있는 걸 선호하는 경향이 있다고 한다. 심리학자들이 스타킹을 고르는 실험을 했더니, 같은 소재와 색상인데도 다수가 가장 오른쪽에 있는 걸 선택했다. 우리 뇌는 습관적으로 왼쪽에서 오른쪽으로 시선을 옮기기 때문이란다.

한편 마지막보다 처음이 더 중요한 역할을 한다는 심리실험도 있다. 두 인물에 대해 같은 내용을 다른 방법으로 묘사했더니, 사람들의 호감도가 달라졌다. 첫 번째 인물은 "똑똑하고 근면한데, 고집 세고 질투심이 강하다"라고 했고, 두 번째 인물에 대해서는 "질투심이 강하고 고집이 세지만, 똑똑하고 근면하다"라고 했다. 누구에게 더 호감이 갈까? 실험 참여자 다수가 첫 번째 인물에 좀 더 호의를 보였다. 먼저 제시된 정보가 영향력이 크다는 의미다. 첫인상이 중요한 이유도 이와 마찬가지다. 우리 뇌는 '인지적 구두쇠'여서 오래 생각하지 않고 빨리 판단하려고 한다. 누군가를 만났을 때 첫인상으로 상대에 대한 호불호를 쉽게 결정하려 한다.

또한 우리 뇌는 비슷한 것을 선호한다. 관심사나 취미가 비슷한 사람에게 친근감을 느낀다. 본능적으로 친구와 적, 그러니까 아군과 적군을 구분하려는 경향이 있는데, 아무래도 비슷한 대상에 호감을 느끼는 것이다.

뇌가 현재 상황에 맞춰 이전 기억을 재구성하는 경향이 있다는 사실도 재미있다. 이를 '후견지명 효과'라고 하는데, 처음부터 그 결과를 예측했다고 착각하게 만든다. "내 그럴 줄 알았다니까!"라는 말이 대표적이다. 관심 있는 것만 기억하고, 듣고 싶은 소리만 듣는 성향도 강해서 편견이나 고정관념에 사로잡히기도 쉽다.

하버드대학교 연구진이 웨스턴 전기회사와 진행한 연구에서 밝힌 '호손 효과(Hawthorne effect)'라는 것도 흥미롭다. 누군가 자신을 관찰한다는 것을 인지할 때 행동이 개선되거나 일의 능률이 오르는 현상이다. 그런 특성을 감안하면 "너 이것 해!"라고 말하기보다 "너 보니까 이렇게 하고 있더라?"라고 말하는 편이 긍정적 결과를 낳는다.

우리 뇌(마음)가 좋아하고 싫어하는 것을 알면 여러모로 유리하다. 그래서 뇌과학과 심리학이 점점 더 많은 인기를 끄는 게 아닐까. 말 잘하는 사람이 되고 싶다면 뇌와 심리에 관심을 가져보면 어떨까.

조직에서 살아남는 사람들

직장생활을 하다 보면 많은 사람을 만난다. 말없이 우직한 사람이 있는가 하면, 사사건건 자기 잇속을 잘 챙기는 사람도 있다. 상사는 말한다. 묵묵히 일하면 반드시 인정받는 날이 온다고. 그러나 겪어보니 반드시 그렇지만은 않다. 조용히 일만 한다고 해서 알아주지 않는다. 한가한 해외출장은 악착같이 찾아 먹고, 조금이라도 불이익을 당하면 이의를 제기하는 사람이 직장생활에 유리하다. 인간적으로 참 얄밉지만 조직은 그런 사람을 똑 부러진다고 평가한다. 우직한 사람보다는 확실히 존재감이 있다. 실은 누구나 그렇게 살고 싶어 한다. 배짱이 없어 따라 하지 못하거나, 그렇게 사는 게 부끄러워 안 할 뿐이다.

내가 직장생활을 할 때도 그런 약삭빠른 사람이 있었다. 어느 날인가 그 직원이 나에 대해 안 좋은 소리를 하고 다닌다는 이야기를 들었다. 그것도 한 번이 아니라 여러 번. 그런데 내 앞에서는 웃는 얼굴로 좋은 소리만 하며 나를 들었다 놨다 했나. 나는 이 친구가 싫지만 기다부러 말하지 않았다. 적이 되었을 때 감당해야 할 그 무엇이 두렵고, 그 사람이 언젠가는 도움이 될 것 같은 기대도 있었다. 나뿐 아니라 우리는 그런 사람에게 시비 걸지 않는다. 똥이 무서워서 피하나 더러워서 피하지, 하면서 말이다.

때를 기다리라는 충고도 마찬가지다. 때는 기다린다고 오지 않는다. 스스로 만들어야 한다. 여유 있게, 고상하게 해서도 안 된다. 악착같이, 주도면밀하게 만들어야 생기는 게 기회다.

회사에 올인해야 성공한다는 조언도 내 경험으로는 사실과 다르다. 회사에 모든 것을 걸고 내가 가진 패를 다 드러내 보이면 오히려 우습게 본다. 회사는 내 것이 아닌데, 조직은 그런 환상을 심어주고 착각하게 한다. 그러나 정작 그런 착각에 빠져 열심히 일하는 사람을 회사는 대우해주지 않는다. 끝까지 '나는 나'라고 고집하는 직원을 우대한다. 언제든 떠날 듯이, 두려운 게 없어 보여야 무시당하지 않는다.

그렇다고 입버릇처럼 그만두겠다고 말하라는 건 아니다. 때

려치우고 장사나 하겠다고, 또는 농사나 짓겠다고 하는 사람치고 그만두는 경우를 본 적이 없다. 장사나 농사는 아무나 하는 게 아니다. 그게 얼마나 어려운 일인 줄 알면 함부로 그런 말 못 한다. 그만둘 것도 아니면서 버릇처럼 그런 말을 하는 사람을 보면 처량해 보인다.

정작 그만둘 사람들은 소리 없이 있다가 조용히 사표를 던진다. 칼은 칼집 안에 있을 때 무서운 법이다. '사표'라는 마지막 카드 하나쯤 가슴속 깊은 곳에 넣어두고 다니면 든든하지 않겠는가.

뒷북보다
선공이 낫다

'말은 타이밍이다'라는 말에 공감한 적이 있는가. 상사의 눈치를 살피다가 보고할 기회를 놓치거나 제때 보고하지 못해 수습이 어려워진 경우 말이다. 나 역시 타이밍을 놓치고 뒤늦게 보고한 적이 있는데 "그걸 왜 지금 보고하나?"라는 질책을 들으며 이 말을 뼈저리게 실감했다. '왜 뒷북을 치느냐'는 의미의 꾸지람이었다. 그다음부터는 상사가 물어보기 전에 '선빵'을 날렸다. "혹시 이런 것 필요하지 않으세요?", "우리 이렇게 하면 어떨까요?" 하고 말이다. 귀찮아 하기는 했지만 뭐라고 나무라진 못했다. 역시 뒷북보다는 선공이 나았다.

이는 비단 조직 안에서만 적용되는 얘기가 아니다. 거래처나

고객사를 상대할 때도 마찬가지다. 상대가 요구하거나 요청하기 전에 먼저 제안하는 것, 상대방이 불만을 토로하고 문제를 제기하기 전에 먼저 사과하거나 이실직고하는 것, 이 모두가 여기에 해당한다.

사실, 말은 선점한 사람이 모든 것을 갖는다. 나머지는 모두 카피이고 아류일 뿐이다. 승자독식인 것이다. 하지만 빠른 것만이 능사는 아니다. 너무 빨라 빛을 보지 못할 수도 있다. 지금이 공개할 시점인지, 혹은 더 무르익기를 기다려야 하는지도 신중하게 판단해야 한다. 보고할 타이밍을 찾지 못해 온종일 대기하다가 불쑥 용기를 냈을 때 '그걸 꼭 지금 얘기해야 하나요?'라는 핀잔을 들은 적도 있다. 하지만 그때는 상사가 화낸 까닭을 알지 못했다. 다른 사람들이 있는 자리여서 보고받는 게 불편했던 것인지, 아니면 바빠서 꺼리는 것인지 도무지 알 수 없었다. 먼 훗날 임원이 되어서야 그때를 떠올리고 헛웃음이 나왔다. 보고받기 어려운 상황이 있다는 사실을 알게 됐기 때문이다. 주변 동료 중에는 이런 상황을 귀신같이 잘 파악하는 사람이 있다. 이렇듯 보고 시점을 정확히 캐치하는 사람이 말을 잘하는 사람이다.

상황이 아니라 상태를 잘 살펴야 할 때도 있다. 상사의 기분 상태 말이다. 그래서 우리는 보고하러 가기 전에 "사장님 지금

어떠셔?" 하고 묻는다. 사장님의 기분 상태가 고기압인지 저기압인지 파악하기 위해서다. 이처럼 기분까지 함께 헤아려야 오케이를 받아낼 확률이 높아진다. 이 밖에도 타이밍이 중요한 경우는 많다. 상대의 말이 마음에 들지 않을 때 즉각 반응해야 하는지, 나중에 얘기하는 게 나은지, 남이 말할 때 언제 끼어들어야 하는지 등 말이다.

말은 해도 후회 안 해도 후회라고 한다. 어차피 후회할 바엔 하는 것이 낫지 않을까? 때를 놓치고 후회하기보다는 생각나는 대로 느낌 가는 대로 일단 말해보자. 아니면 말고지 뭐.

요약 잘하는 사람은
손해 보지 않는다

내가 모셨던 상사 중에 보고서는 무조건 한 장으로 쓰라고 한 분이 있었다. 한 장을 넘기면 여지없이 다시 쓰라며 반려했다. 보고 내용을 한 장으로 요약하지 못하는 이유는 크게 다섯 가지다.

첫째, 정확히 알지 못해서다. 제대로 알면 한 장으로 쓸 수 있다. 아니, 한마디로 말할 수 있다. 길을 정확히 알면 직행할 수 있는데, 잘 모르니 이곳저곳을 두리번거리는 것이다. 말하기도 이와 같아서 요지를 짚지 않으면 장황해지기 마련이다. 한마디라도 얻어걸리기를 바라며 주저리주저리 말하게 된다.

둘째, 자신이 없어서다. 자기 말에 자신이 없으니 결과에 대한 확신도 없다. 결과가 나쁘면 내가 책임지겠다는 배짱도 없다. 그러니 말이 길어진다. '이렇게 합시다' 하면 될 것을 '이렇게 하면 이럴 수도 있고 저럴 수도 있다'며 궤변을 늘어놓는다. 자신이 있으면, 다시 말해 확신이 있으면 짧게 말할 수 있다.

셋째, 열정이 없어서다. 잘 알지 못해도, 자신이 없어도 열정이 있는 사람은 짧게 말할 수 있다. 열정은 뚜렷한 목적과 목표에서 온다. 그 일을 해야만 하는 이유가 분명하고, 그것에 관한 소명의식 같은 게 있고, 구체적인 목표까지 있는 사람은 짧게 말한다. 영화 〈기생충〉의 송강호 씨 대사처럼 명확한 계획이 있으면 미주알고주알 설명할 필요가 없다.

넷째, 대상이 분명하지 않아서다. 누구에게 말할 것인지가 명확하지 않거나, 듣는 사람의 취향과 관심사를 파악하지 못하면 상대방이 귀 기울이는 주제를 찾기 위해 온갖 이야기를 동원하게 된다. 마치 마을버스가 온 동네 구석구석을 누비듯 말이 구구절절해진다.

어느 조직이나 상사가 첩첩산중이다. 모두를 만족시키려고 들면 말이 길어지고 오리무중에 빠져든다. 직속상관 한 사람만 만족시키자고 마음먹어야 한다. 그 다음은 직속상관에게 맡기면 된다. 말을 할 때는 여러 주파수를 동시에 맞출 수 없다. 번지수가 분명해야 내 말이 가 닿을 수 있다.

끝으로, 욕심 때문이다. 아는 것, 찾아놓은 것을 모두 말하고 싶은 욕심, 그렇게 하지 않으면 생각 없는 사람, 노력하지 않는 사람으로 비춰질지 모른다는 노파심이 말을 장황하게 한다. 욕심을 절제하는 것이야말로 수양이 필요하다. '갖고 있는 것만 보여주자', '못다 한 말이 있다면 다음 기회를 노리자'고 마음먹어야 한다.

이런 생각을 가진 사람은 말 때문에 손해 보지 않는다. 조바심 내거나 아등바등하지 않는다. 여유가 있어서 듣는 사람을 편안하게 한다. 상대방이 다음 말을 기대하고, 더 들을 게 있으리라 생각한다. 듣는 이의 마음에 여운이 남는다.

회의가 두려운
당신에게

　정신분석의 창시자 지크문트 프로이트는 "상대방을 향해 돌을 던지는 대신 대화를 시도할 때부터 인류의 문명은 시작되었다"라고 말한다. 지적 대화와 타협을 통해 인류가 진보해왔다는 의미다. 이러한 회의의 장점은 누구나 알고 있다. 그러나 직장인 가운데 회의를 좋아하는 사람이 얼마나 될까? 회의는 자신의 생각을 시험받는 장이고, 과제를 부여받는 자리이기도 하다. 또한 자기 시간을 양보하고 희생해야 한다. 그렇기에 회의를 싫어할 수밖에 없다.

　그런 반면 회의를 반기는 사람도 있다. 회의를 소집하고 주재하는 바로 그 사람이다. 회의는 그 사람을 위한 것이다. 회의에서 나온 아이디어나 해법은 그 사람이 찾던 것이다. 회의를 통해 직원들의 실적을 점검하고 채근할 수도 있다. 또한 부서가 자기 구미대로 돌아가게끔 일장연설을 할 기회도 주어진다. 한 사람 한 사람을 따로 만나 이야기하는 일은 무척 번거롭기 때문이다.

뿐만 아니라 회의는 구성원들을 경쟁시키는 장이기도 하다. 회의에 참석한 사람들을 서로 비교하고 자신의 현주소를 파악하게 한다. 회의 주재자는 '손 안 대고 코 푸는 격'으로 큰소리 내지 않고도 원하는 결과를 얻을 수 있다.

회의는 학습의 장이기도 하다. 타인의 장점을 흡수해 자신의 내공을 키워가는 사람에게는 천금 같은 기회다. 각자 고군분투하는 직장인들에게는 다른 사람의 입에서 해법을 찾는 오아시스 같은 역할을 하기도 한다.

나는 회의에 참석하기 전에 평소 '좋은 의견을 많이 내는 저 친구라면 무슨 얘기를 할까' 생각했다. 또한 회의에서 남의 말을 듣다 보면 내 의견이 떠올랐다.

회의 자리에서 중요한 것은 내 편을 만드는 일이다. 나는 내 편이 될 사람의 말에 먼저 호응한다. 끄덕이며 듣는 것은 물론, 그 말에 동의하며 받아준다. 그러면 그도 내 말에 이의를 제기하지 않는다. 그런 사람이 있는 것과 없는 것은 차이가 크다.

내 말에 귀를 열어주는 한 사람이 있으면 회의 자리가 훨씬 편하다. 그런 한편 누군가 발언할 때는 그 사람의 생각과 내 생각의 공통점보다는 차이점을 찾으려고 했다. 그래야 남과 다른 내 생각을 말할 수 있었다. 그것이 회의 목적에도 부합했다.

히읗를 힣듣어하는 사람, 회의가 싫은 사람이라면 이 말을 기억하자. "회의에 대해 회의를 품지 말 것, 직장인의 숙명으로 받아들일 것, 피하지 못한다면 즐길 것." 즐기는 방법은 간단하다. 할 말을 열심히 준비하면 된다. 회의는 내 말의 시연장이다. 하다 보면 늘게 마련이다. 또한 남들은 어떤 말로 설득하는지 지켜보면서 이를 통해 배우고 성장하면 된다.

협업에 필요한 소통의 법칙

대통령 연설문을 혼자 작성하지 않았다. 연설비서관실 직원 다섯 명이 협업했다. 한 사람이 초안을 쓰면 다섯 명이 함께 모여 앉아 고쳤다. 하루에 두세 번 모여서 각자 의견을 내며 대화했다. 이렇게 소통하면서 연설문의 완성도를 높였다. 일의 결과물, 즉 연설문의 품질은 이러한 소통 수준에 달려 있었다. 이렇게 공동작업을 해보니 좋은 점이 많았다.

첫째, 개별적으로 완성도 높은 결과물을 만들어내야 하는 부담이 줄었다. 각자 일할 때는 개개인이 윗사람의 요구에 부응하는 성과를 어떻게든 만들어내야 한다. 각자가 책임을 지기에 그만큼 스트레스도 크다. 하지만 함께 일할 때는 자기가 할 수 있는 만큼 해서 회의에 내놓으면, 그 안에서 토론하며 만족할 만한 결과물이 만들어진다.

둘째, 경쟁에서 오는 압박감도 없다. 각자 일할 때는 결과물을 놓고 개별적으로 평가받는다. 서로 비교당하는 것이다. 내가 남보다 일 잘한다는 소리를 들을 때 남들은 일 못한다는 소리를 들어야 한다. 남의 불행이 나의 행복이 된다. 마치 시험을 치르고 서열을 매기는 기분이다. 그런데 함께 일하면 그 결과가 좋건 나쁘건 함께 좋고 함께 나쁘다.

셋째, 결과물의 품질도 좋아진다. 예를 들어 경제 연설문을 작성할 때 정치, 외교, 문화 쪽의 전문가가 합류하면 내용이 풍성해진다. 경제 연설문에 외교적 관점이나 문화적 시각, 그리고 정무적 판단 등이 들어가서 연설문 수준이 월등히 높아진다.

넷째, 함께 모여 일하면 학습이 일어난다. 다른 사람의 의견을 들으면서 '저렇게 쓰는 방법이 있구나', '이렇게 고치니 더 좋구나' 하는 것들을 깨우치게 된다. 많이 아는 사람의 지식이 적게 아는 사람에게 자연스럽게 흘러간다. 그래서 일정 기간이 지나면 구성원의 수준이 상향 평준화된다. 그러면 고칠 게 없어진다. 일의 효율도 점점 높아진다. 하지만 각자 일하면 서로에게 배울 기회가 없다. 윗사람에게만 가르침을 받는다. 이런 소통에는 한계가 있다.

다섯째, 공유와 공감이 활발하게 이뤄진다. 각자 일하면 자기가 가진 것을 자신만을 위해서 쓰게 되고, 서로 의견을 나눌 기회도 없다. 서로의 사정과 처지를 이해하고 공감하기도 어렵다. 하지만 팀플레이, 즉 공동작업을 하면 서로가 서로를 위해서 일한다. 남의 것을 고쳐주는 일이 내 일이 된다. 서로가 서로에게 공감하게 되고 모두가 공동체를 위해 일한다. 이렇게 함께 만들어가는 일은 즐겁다. 무언가를 완성했을 때 함께 뿌듯하고, 동료들이 자랑스럽다.

함께 일할 때 반드시 지켜야 할 주의점도 있다. "남의 의견은 일단 듣는다. 각자 한 번 이상 발언한다. 발언하기 위해 준비한다. 모두가 동의할 때까지 의견을 나눈다. 발언권은 동등하다" 등이다.

비서처럼 생각하고
비서같이 말하라

나는 비서 생활을 오랫동안 했다. 청와대에서 8년, 기업에서 7년, 모두 합해서 15년 동안 비서실에서 일했다. 비서는 그리 권장할 만한 일은 아니다. 늘 긴장하며 생활해야 하고, 무엇보다 내가 아닌 사람으로 살아야 하기 때문이다. 내 마음이 아니라 모시는 분의 마음에 맞춰가며 생활해야 한다. 그것이 비서의 일이다.

그럼에도 한 가지 얻은 게 있다. 누군가의 마음에 들게 말하려면 어떻게 해야 하는지 배웠다. 말은 비서처럼 하면 이미 절반은 성공한 셈이다.

비서는 입이 무겁다. 입이 가벼우면 비서 생활을 오래하기 어렵다. 특히 자신이 모시는 분에 관한 이야기는 신중해야 한다. 험담하지 않는 건 당연하고, 그분의 사생활을 밖에 들추어 말하지 않아야 한다. 비서는 귀 막고 3년, 눈 가리고 3년, 입 닫고 3년을 보내야 한다는 말도 있다. 무엇보다 높은 사람과 가깝다는 걸 과시하고 싶은 유혹에 빠지지 않아야 한다.

비서는 팔방미인이 되어야 한다. 보좌하는 분과 깊은 얘기를 나눌 필요는 없다. 그건 해당 분야 사람들의 몫이다. 하지만 이것저것 두루두루 알 필요는 있다. 비서는 모시는 분과 소소한 대화를 많이 해야 하고, 그분이 묻는 내용에 그때그때 대답도 해야 한다.

비서는 모시는 사람의 심심함을 달래주고, 자투리 시간을 허투루 쓰지 않도록 채워주는 역할도 해야 한다. 한마디로 유능한 대화 상대가 되어야 한다.

그렇다고 아무 말이나 해서는 안 된다. 특히 사실이 아닌 말, 근거 없는 말, 무의미한 말은 금물이다.

비서는 또한 매너가 좋아야 한다. 비서를 보면 그가 모시는 사람의 수준을 알 수 있다. 말하는 태도와 자세, 제스처 등에서 기품이 느껴져야 한다.

끝으로, 비서는 모시는 사람을 좋아해야 한다. 그래야 그 사람이 하는 말의 이유나 취지를 파악할 수 있다. 그 사람이 기대하고 원하는 것을 알 수 있다.

충심도 필요하다. 충심이 있으면 생각이 같아지고, 일하는 자신도 행복하다. 그래야 직언과 쓴소리도 할 수 있다.

이 모든 건 비서에게만 유용한 덕목은 아니다. 누구라도 알아두고 활용하면 좋다. 비서처럼 말하는 것을 듣기 싫어할 사람은 없을 테니 말이다.

6장

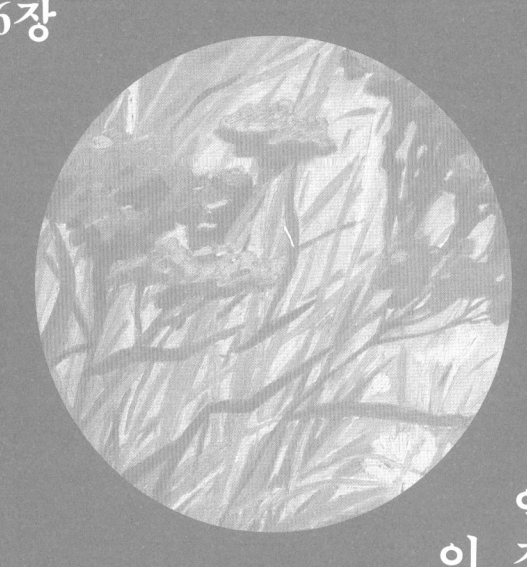

입장이 아닌 이익으로 설득합니다

존재 자체가
설득력이다

설득은 말로 뭔가를 얻어내는 일이다. 반면 상대방은 뭔가를 빼앗기게 된다. 그래서 설득은 '당한다'라고 말한다. 당한다는 것은 원하지 않는 일을 겪는다는 의미가 강해서 '사기를 당하다', '사고를 당하다'와 같은 말에 쓰인다.

사람들은 당하지 않으려고 애쓴다. 설득도 마찬가지다. 누구나 설득당하는 것을 좋아하지 않는다. 그러니 누군가를 설득하는 일은 어렵다.

여러분은 언제 설득되는가. 내 경우는 상대가 나와 비슷하거나 같은 부류이면 쉽게 설득된다. 그것이 취향이건 성향이건 지향이건 말이다.

내가 얻을 이익과 손실이 분명할 때도 마음이 움직인다. "너, 이것 하면 이런 이익이 있어", "너, 그것 하지 않으면 이런 손해를 볼 수 있어", "이런 불이익과 위험을 감수해야 해"라고 말할 때다. 이처럼 이익을 강조하거나 피해에 대한 경계심을 자극하는 경우 마음이 동한다. 그래서 어떤 제품이나 서비스, 또는 자신을 홍보하려면 먼저 특징을 말하고, 장점과 강점을 언급한 후 그걸 썼을 때 얻을 수 있는 이익과 혜택을 강조해야 한다.

누군가 내 힘든 처지와 심정을 알아줄 때도 마음이 움직인다. "너, 이래서 지금 힘들지?" 하고 공감해주면 '어쩌면 이렇게 내 처지를 잘 알아?' 하면서 마음이 절반 이상 넘어가버린다.

또한 명분이 분명할 때도 따르게 된다. "이 일에는 이런 대의가 있어. 너도 동참해야 하지 않겠어?"라고 말하거나, 정의, 효도, 우정, 사랑과 같이 지고지순한 말을 내세우면 뿌리치기 힘들다. "당연하지"라는 소리가 나올 수밖에 없다. 억지로라도 마음이 움직인다. 평판이 나빠질까 두렵기 때문이다.

상황을 구체적으로 말해주면서 판단과 결정은 내게 넘길 때도 마음이 움직인다. "그분 예쁘지?" 하면 쉽게 동의하지 않는데, "그분 말이야. 눈은 이렇게 생겼고, 코는 이렇게 생겼어. 어때?" 하면 "응, 예쁘겠는데"라고 말한다. 상대가 좋아할 것 같은 눈과 코의 생김새만 골라 말했으므로, 말한 사람이 보이지 않게 결정권을 행사한 것이다. 그런데 듣는 사람은 자신이 선택권을 가졌다고 착각한다. 결국 말한 사람의 의도대로 설득당한 셈인데 말이다.

권위에 눌려 설득되기도 한다. 설득이 됐다는 건 어느 한쪽이 다른 한쪽에 승복했다는 의미인데, 이때 승복을 가능하게 하는 건 사람의 권위나 보편적 추세와 같이 거스르기 어려운 힘이 있는 경우다.

고등학교 시절 대학 입시 원서를 쓰러 갔는데, 담임 선생님께서 이렇게 말씀하셨다. "오늘 내 말에 설득당하도록." 결국 선생님이 하라는 대로 하고 말았다. '선생님 말씀'이었기 때문이다.

끝으로, 설득하는 방법이 좋은 때이다. 예를 들어 재미있는 이야기 형태로 말한다든가, 근거가 명확하고 논리가 정연하다든가 하는 경우다. 노무현 대통령은 어떤 일이 벌어졌을 때 그 원인뿐 아니라 원인의 원인을 파헤치려 했다. 그리고 그 일이 미칠 영향과 파장을 꼬리에 꼬리를 물어가며 생각하고 따져봤다. 그랬을 때 사람들이 납득할 수 있는 말을 할 수 있다고 생각한 것이다.

하지만 무엇보다 중요한 것은 설득하는 사람이 누구냐이다. 당연하지만, 내가 평소에 믿고 좋아하는 사람의 말에는 쉽게 넘어간다. 설득하는 내용보다 설득하는 사람이 좌우한다. 그러므로 설득을 잘하려면 잘 살아야 한다. 존재 자체가 설득력인 셈이다. 나태주 선생의 시가 딱 내가 하려는 말이다.

> 있는 것도 없다고
> 네가 말하면
> 없는 것이고
>
> 없는 것도 있다고
> 네가 말하면
> 있는 것이다
>
> 후회하지 않겠다.
> _나태주, 「마음을 얻다」

카산드라를 위한 조언

예언의 신 아폴론은 카산드라를 사랑했다. 카산드라는 사랑을 받아들이는 조건으로 예언 능력을 달라고 했고, 아폴론은 그 말을 들어줬다. 그러나 카산드라는 예언 능력을 얻은 후에도 마음을 주지 않았다. 이에 화가 난 아폴론은 카산드라의 말에서 설득력을 빼앗아버렸다. 트로이 전쟁이 조국을 잿더미로 만들리라는 것을 카산드라는 알고 있었다. 하지만 설득력이 빠져버린 카산드라의 예언을 누구도 믿지 않았다. 그리스 신화에 나오는 이야기다. 이후로 사람들은 남의 말을 쉽게 믿지 않게 되었다고 한다.

세상에서 가장 어려운 일이 두 가지 있다. 하나는 남의 주머니에 있는 돈을 내 주머니로 옮겨놓는 일이고, 다른 하나는 내 머릿속 생각을 남의 머릿속으로 옮겨놓는 일이다. 후자는 설득력이 필요한 일인데, 그게 만만치가 않다.

당신의 말이 좀처럼 다른 사람을 설득하지 못한다면, 왜일까?

첫째, 당신이 완벽한 사람이거나, 그런 체를 해서 그렇다. 완전무결함은 본능적으로 도전의 대상이다. 어떻게든 이겨보고 싶다. 달리 말하면, 설득당하기 싫은 것이다. 사람들은 허점과 실수에 호감이 간다. 힘있는 사람이 힘을 쓰지 않고, 알지만 아는 척하지 않을 때 설득당해주고 싶다.

둘째, 뭔가 숨기는 듯 보이면 설득력을 잃는다. 사람들은 끊임없이 의심한다. 속고 있는 것은 아닌지, 내가 모르는 무언가가 있지는 않은지 이리저리 머리를 굴린다. 그러므로 의도적으로 솔직할 필요가 있다. 자기 이익이나 약점을 적나라하게 공개하는 것도 방법이다. 설득은 그다음 일이다.

셋째, 디테일에 소홀하면 설득력이 떨어진다. 5분간 말할 시간이 주어질 때 사람은 두 종류로 나뉜다. 배경을 4분간 설명한 후 1분간 결론을 얘기하는 사람이 있고, 결론을 4분간 말한 후 배경 설명에 1분만 할애하는 사람이 있다. 배경 설명을 자세히 한 쪽이 더 설득력을 갖는다.

넷째, 당신이 주인공 행세를 하고 있는지도 모른다. 사람은 누구나 자기가 주인공이 되기를 원한다. 설득당할 때 당하더라도 자기가 결정권을 가지려 한다. 자신이 판단해서 결정한 것이어야 스스로 명분이 선다. 그래서 당한다고 생각하면 방어 자세부터 취한다. 상대방을 주인공이 아닌 조연으로 만들고 있다면, 설득은 이미 물 건너간 셈이다.

다섯째, 당신에 대한 믿음이 부족해서다. 따를 만한 사람, 괜찮은 사람이라는 확신이 들어야 설득당한다. 적어도 자기 이익만을 위해 나를 설득하려는 건 아니라는 믿음이 서야 한다. 그러기 위해서는 설득하는 자신부터 확고한 신념과 자신감에 차 있어야 한다. 스스로를 믿지 못하는 사람을 누가 믿겠는가.

끝으로, 당신이 자기 편이라는 생각이 들지 않아서일 수도 있다. 사실 이것만 있으면 다른 건 모두 눈감아줄 수 있다. 내 편이란 느낌을 주는 건 어렵지 않다. 관심을 보이고, 믿고, 공감해주면 된다. 인간적인 유대감을 쌓으면 굳이 설득이 필요 없는 이심전심의 경지에 이른다.

말은 재능이
아니라 기술이다

 흔히 말은 재능이 아니라 기술이라고 한다. 타고난 말재주라는 건 없다는 뜻이다. 그렇다면 말 기술은 무엇인가. 표현력이다. 좀 거창하게 말하면 수사법이다. 말 기술을 늘리려면 표현력이나 수사법을 키우면 된다. 같은 내용도 어떻게 표현하느냐에 따라 결과가 현저히 달라지기 때문이다.

 학교에서 강의할 때 학생들에게 글쓰기 숙제를 낸 적이 있다. 기한 내에 과제물을 제출하지 못하게 된 학생 둘이 찾아왔다. 한 학생은 "바빠서 과제물을 작성하지 못했습니다. 제출 시한을 연장해주십시오"라고 말했다. 다른 학생은 "과제물을 작성하다 보니 더 공부할 게 자꾸 생겼습니다. 시간을 조금만 더 주시면 좀 더 나은 결과물을 제출할 수 있을 것 같습니다." 당신이라면 누구 말에 마음이 움직이겠는가? 당연히 후자다. 그 학생은 과제를 늦게 제출하고도 제때 낸 학생보다 더 좋은 점수를 받았다. 물론 약속한 대로 결과물도 훌륭했다.

이처럼 작은 표현력의 차이가 천양지차의 결과를 만들어낸다. 표현력은 어떻게 키울 수 있을까? 고대 사람들은 수사학이란 걸 공부했다. 생각과 감정을 말과 글로 표현하는 방식을 연구하는 수사학은 문법, 논리학과 함께 가장 중요한 학문이었다. 그 시조인 아리스토텔레스는 수사학에 다섯 가지 기술이 필요하다고 했다.

쓸거리를 찾아내는 '논거 발견술', 그것을 순서에 맞춰 구성하는 '논거 배열술', 배열한 것을 문장으로 서술하는 '표현술', 쓴 내용을 말하기 위해 암기하는 '기억술', 말하기의 기교에 해당하는 '연기술'이 그것이다.

뉴욕 센트럴파크에서 한 남자가 "나는 앞을 보지 못합니다"라고 쓰인 팻말을 두고 구걸하고 있었다. 그러나 사람들은 눈길조차 주지 않은 채 무심히 지나쳤다. 그 모습을 지켜보던 어떤 남자가 다가가 팻말 문구를 고쳐주었다. 그 뒤로 사람들이 모여들기 시작했고 동전 그릇이 가득 채워졌다. 팻말에는 이렇게 쓰여 있었다. "곧 봄이 오겠지만 나는 봄을 볼 수 없습니다."

이를 고쳐준 남자는 프랑스 시인 앙드레 브르통이었다고 한다. 수사학이 중요하다는 걸 보여주는 사례다.

그렇다면 손쉽게 수사법을 익힐 방법은 없을까? 우리는 그것을 이미 학창 시절에 배웠다. 비유법, 점층법, 열거법, 반복법 같은 것이다. 인터넷에 '수사법'이라 치고 검색해 예문을 살펴보라. 그것들을 익히는 것만으로도 표현력을 부쩍 향상시킬 수 있다.

원하는 걸 얻는
협상의 기술

"세상의 80퍼센트가 협상이다."

미국 대통령 지미 카터와 로널드 레이건의 자문을 맡았던 허브 코헨의 말이다. 주고받는 모든 것이 협상이다. 세상은 거대한 협상 테이블이다.

'협상'이란 말의 무게를 덜 필요가 있다. 사람들은 협상 하면 국가 간의 무역 문제, 혹은 노사 간의 임금이나 노동 조건을 두고 이뤄지는 중차대한 줄다리기를 떠올린다. 뭔가를 대표하는 특별한 사람들이 하는 거래라고 여긴다.

그렇지 않다. 남녀 간에, 친구 간에, 가족 간에 무언가를 결정하기 위해 이루어지는 사소하고 일상적인 대화와 타협, 의논

이 모두 협상이다. 친구들과 만나 무엇을 먹을지 결정하는 것도, 아내와 TV 채널을 놓고 다투는 것도 협상이다.

협상을 잘하기 위해선 어떻게 해야 할까?

먼저, 상대를 잘 파악해야 한다. 상대가 어떤 사람이고 무슨 대화가 오갈지 예상해봐야 한다. 가상 시나리오를 써보는 것이다. 상대가 A, B 또는 C로 반응하는 경우를 가정해서 각각에 맞는 대응 방안을 생각해둬야 한다. 예행연습이 필요한 것이다.

대화의 주도권을 잡을 필요는 없다. 주도권을 잡으려 하면 할수록 상대는 더 멀리 도망간다. 상대의 기를 꺾기보다는 체면을 세워줘야 한다. 그러기 위해서는 먼저 듣고 나중에 말하고, 많이 듣고 적게 말하는 편이 전략적으로 유리하다. 더 많은 정보를 얻을 수 있고, 상대 생각을 알면 내가 할 말의 윤곽이 더 뚜렷해지기 때문이다. 이처럼 협상에 대한 오해를 바로잡기만 해도 당신의 협상력을 높일 수 있다.

흔히 협상할 때는 감정에 호소하지 말고 이성적으로 접근해야 한다고 말한다. 사이보그처럼 냉철하게 접근해야 한다고 말이다. 내 생각은 다르다. 이성적 기교는 한계가 있다. 자칫 자기 꾀에 자기가 빠지기 십상이다. 오히려 진정성으로 승부하는 게 낫다.

말콤 글래드웰의 베스트셀러『블링크』에 따르면, 의료사고가 났을 때 피해자가 법적 다툼을 선택할지 여부는 의사가 범한 과실보다 의사가 진료에 할애한 시간에 더 영향을 받는다고 한다. 제대로 설명을 들으면서 신뢰를 쌓은 환자는 똑같은 결과에도 소송을 제기하지 않는다는 것이다. 사람들은 다소 논리가 빈약하더라도 충성이 느껴지는 사람에게 끌리고, 논리적 설득보다는 인간적 신뢰가 협상 결과에 더 큰 영향을 미치기도 한다.

협상할 때 쉬운 것부터 시작해 어려운 사안은 나중에 꺼내라고도 한다. 나는 여기에도 동의하지 않는다. 껄끄럽고 합의하기 어려운 사안을 뒤로 미뤄두면 대부분 타협을 하고도 협상 말미에 어려움에 봉착한다. 그러나 어려운 것을 먼저 해결하면 거기에 들인 노력이 아까워서라도 쉬운 것은 서로 양보하며 결론을 내게 돼 있다. 사안에 따라 다르겠지만, 어려운 과제를 뒤로 미뤄두고 싶은 심리가 발동해 쉬운 것부터 합의하는 것은 좋은 방법이 아니다.

히든카드를 준비하라고도 한다. 포커페이스를 유지하고 결정적 한 방을 숨기고 있으라는 것이다. '예스'를 받아내기 위해 '노'를 연발하라거나, 양파 껍질 벗기듯 하나씩 내놓으라는 조언도 같은 맥락이다. 상대나 상황에 따라 다르겠지만, 훌륭한 전략으로 보이지는 않는다. 이런 말들에는 협상을 승부 겨루기로 보는 인식이 깔려 있다. 협상은 이기고 지는 승부가 아니라, 거래를 통해 서로 원하는 것을 얻는 흥정이다. 이기려 들지 말고 함께 성공하려는 자세가 필요하다.

툭 까놓고 말하는 게 낫다. 투명해야 한다. 이쪽에서 비밀을 가지면 저쪽도 비밀을 만든다. 내 카드를 보여줘야 실질적인 협상이 가능하다. '모 아니면 도'가 아니라 차선책을 찾는 유연함이 있어야 한다. 독식하려 말고 교환해야 한다.

이런 맥락에서 협상의 성공을 위해서는 역지사지해야 한다는 말도 다시 생각해볼 필요가 있다. '입장 바꿔 생각하기'가 정말 좋은 결과를 낼까? 협상 전문가들은 입장이 아니라 이해관계를 근거로 협상하라고 한다. 입장을 중심에 놓으면 자존심이 개입되어 난항을 겪기 쉽다는 것이다. 대신, 자신의 이해를 분명히 하고 상대의 숨겨진 이해를 찾는 노력을 하는 것이 더 중요하다. 김대중, 노무현 대통령을 모시면서 배운 협상의 지혜다.

이 밖에, 태도에도 신경 써야 한다. 고개를 약간 숙인 상태로 상대의 눈을 보고 말하는 것이 기본이다. 고개를 갸우뚱거리거나 한숨을 내쉬는 것, 귓속말을 하거나 휴대전화를 만지작거리는 일은 대화를 망친다.

유머를 준비하는 것도 좋다. 협상을 시작할 때, 혹은 협상이 과열될 때 적절한 농담을 던져 서로 숨 쉴 틈을 만드는 것이다. 상대 얼굴에 잔잔한 미소가 번지고, 뒤이어 '나도 한마디하겠다'며 농담으로 받으면 절반은 성공한 것이나 다름없다.

시각 자료도 활용하자. 시각 자료는 설득의 마력이 있다. 이성으로 작동하는 좌뇌가 아니리, 감성으로 움직이는 우뇌를 공략할 수 있다. 또한 철저하게 준비했다는 인상도 줄 수 있으니 일거양득이다.

협상은 재래시장에서 벌이는 즐거운 흥정과 같다. 사랑하는 연인의 마음을 얻으려는 '밀당' 같은 것이다. 이런 마음가짐으로 어린 시절 운동회 줄다리기 같은 협상을 즐겨보자.

울렁증
잠재우는 법

지금도 나는 많은 사람 앞에서 말해야 할 때마다 몹시 떨린다. 떨리는 것 자체는 문제될 게 없다. 떨린다는 것은 잘하고 싶다는 것이고, 떨리지 않으면 지겨울 수도 있기 때문이다. 하지만 말하는 데 지장을 줄 정도로 과하게 떠는 건 문제다. 서 있지 못할 정도로 다리가 후들거리고, 목소리나 손이 심하게 떨려 말을 지속하기 어렵다면 어떻게 해야 할까? 떠는 정도를 누그러트릴 방법은 없을까? 이럴 때 내가 쓰는 방법이 있다.

첫째, 떨린다고 자백하는 것이다. 쉬우면서도 효과 만점이다.

둘째, 무언가에 의지한다. 나는 물에 의지한다. 생수병을 들고 말하면 생각만큼 떨리지 않는다. 메모에 의지할 수도 있다. 실제로 보진 않더라도 메모한 걸 앞에 두고 있으면 든든하다.

셋째, 목소리는 평소보다 약간 톤을 높인다. 기어들어가는 목소리는 스스로를 더 위축시킨다. 이를 방송하는 사람들은 '텐션'을 높인다고 한다. 나도 방송에 들어가기 전에는 목소리를 풀며 자신감을 높이려고 노력한다.

넷째, 확실한 첫마디를 준비한다. 청중을 웃길 수 있는 첫마디면 더할 나위 없다. 이야기를 시작하면서 한번 웃기고 나면 긴장이 풀리고 마음에 여유가 생긴다.

다섯째, 말을 질질 끌지 않고, 단문으로 짧게 툭툭 치면서 말한다. 훨씬 힘있게 말할 수 있고, 그렇게 말하면 주눅 들어 보이지 않는다.

여섯째, 한 사람과 눈을 마주치며 말한다. 말을 잘하는 사람은 시선을 청중에게 고루 배분하지만 나는 그럴 여유가 없다. 내 말에 좋은 반응을 보이는 한 사람만 쳐다보고 말한다. 강연이나 연설을 하는 게 아니라 그 한 사람과 대화한다는 생각으로 그와 눈을 맞추고 말하는 것이다.

일곱째, 말하는 장소에 일찍 간다. 현지 적응하는 시간을 충분히 가지면 덜 떨린다. 강의하러 갔을 때는 수강하는 사람들 자리에 앉아도 보고, 일찍 도착한 수강자와 대화도 나눈다. 어디에서 왔는지, 동행이 있다면 어떤 사이인지 이런저런 질문을 해서 친밀도를 높여두면 본 강연에서 아군 노릇을 톡톡히 해준다.

여덟째, 움직임을 최소화한다. 강의할 때 강단을 이쪽저쪽 오가거나 청중석에 내려가거나 현란한 제스처를 구사하는 일은 쉽지 않다. 물론 그렇게 하면 청자의 집중도를 높일 수 있다. 하지만 이런 무대 매너까지 챙기려다 보면 부담이 커서 더 떨린다. 그래서 나는 붙박이로 한자리에 서서 말하고 손도 딱 붙잡아둔다.

끝으로, 청중을 무시하거나 존중하거나, 둘 중 한쪽을 선택한다. 무시하기로 마음먹었으면 '다시 볼 일도 없는 사람들인데, 내 말에 좋은 반응을 보이건 말건 나는 관심 없다'라고 생각한다. 주로 내게 호의적이지 않은 청중 앞에 설 때 이런 생각을 한다. 내가 이렇게 생각하고 있다는 걸 눈치채지 못하게 해야 하는 건 물론이다. 존중하기로 마음먹었으면 '이분들에게 도움을 드려야겠다. 내 말을 듣고 얻어가는 게 있도록 해야겠다'는 간절한 마음으로 말한다. 그 어느 쪽이 됐든 이런 마음을 먹으면 별로 떨리지 않는다.

논리의
마법사가 되려면

논리적으로 말하라고 하면 머릿속이 혼란스럽다. '어떻게 말해야 논리적이지?', '논리는 까다롭고 복잡한 것 아닌가?' 선입견이다. 논리는 어려운 것이 아니다. 생각하는 방식이고, 생각이 지녀야 하는 형식이나 법칙이기도 하다. 말이 되게 하면 된다.

달리 말하면 "그게 말이 돼?", "말이 되는 소리를 해라!" 같은 소리를 듣지 않으면 된다. 그러니 일단 논리를 얻기 전에 비논리를 피해보자.

비논리적인 말에는 다섯 가지가 없다.

첫째, 생각이 없다. 고유의 시각이나 관점, 주장이 없다. 가고

자 하는 방향이 없다. 결과적으로 말이 목적지를 잃는다. 도대체 무슨 말을 하려는지 모르겠다. 뻔한 소리만 늘어놓는다. 결론이 없다.

둘째, 틀이 없다. 대다수 사람에게 익숙한 말의 구조가 있다. 과거-현재-미래라든가, 주장-이유-근거, 주장-반론-재반론과 같은 것들이다. 말을 풀어가는 방식, 전개 패턴 같은 것이다. 틀이 없는 말하기는 꿰지 않은 구슬과 같다. 이렇게 말하면 '말에 두서가 없다'라는 소리를 듣는다.

셋째, 인과관계가 없다. 앞뒤가 연결되지 않는 것이다. "동물은 죽는다 → 사람은 동물이다 → 사람은 죽는다"라고 말해야 필연성을 확보할 수 있다. "원숭이 엉덩이는 빨개 → 빨가면 사과 → 사과는 맛있어 → 맛있으면 바나나"는 논리적이지 않다. 연상일 뿐이다. 이렇게 생각나는 대로 말하면 꼬리에 꼬리를 물 뿐 맥락이 없다.

넷째, 이유가 없다. 왜 그렇게 말하는지 까닭이나 내용을 풀어서 밝히지 않는다. 주장은 증명해야 한다. 그렇지 않으면 뜬금없고, 난데없는 소리가 된다.

다섯째, 근거가 없다. 이유를 밝히는 것만으로는 부족하다. 사실에 바탕한 증거를 대야 한다. 이때는 인용이 필요한데 사례, 이론, 수치 등 다양한 것을 인용할 수 있다.

반대로 없어야 하는데 있는 것도 있다.

첫째, 중복과 모순이 있다. 말의 덩어리 간에 중복이 있다. 중언부언이 된다. 스스로 하는 말이 서로 충돌하기도 한다. 아귀가 맞지 않는다. 이러면 '말에 조리가 없다'는 지적을 받게 된다.

둘째, 비약과 누락이 있다. '여하튼', '아무튼', '어쨌든', '거두절미하고' 같은 표현을 쓰면서 다음으로 넘어간다. 엉뚱하고 생뚱맞다. 원인과 결과, 수단과 목적 사이의 개연성이 떨어진다. 설득력도 함께 떨어진다.

첫째와 둘째 조건을 충족하려면 뺄 것도 빠진 것도 없어야 한다. 또한 A를 얘기하다 B로 넘어갔는데 다시 A가 나와서는 안 된다. 비슷한 것끼리 묶어서 말해야 한다. 그리고 묶음과 묶음 사이의 연결이 자연스러워야 한다.

셋째, 오류가 있다. 사실을 확대하고 과장하는 오류, 성급하게 단정 짓는 오류, 인신공격의 오류, 다른 오류를 들어 자기 오류를 정당화하는 피장파장의 오류 등 다양하다.

넷째, 취향만 있다. 사실이 없다. 취향을 사실로 둔갑시키기도 한다. 객관적이지 않고 주관적이다. 감정에 치우친다.

다섯째, 확신만 있다. '반드시', '모든', '항상' 같은 표현을 남발하며 마음대로 재단한다. 부적절하거나 신뢰할 수 없는 전제에 근거하여 이치에 맞지 않고 사리에 어긋나는 주장을 서슴지 않는다. '어처구니없다', '말이야, 막걸리야'라는 소리를 들을 수 있다.

논리적인 말은 들었을 때 이해하기 쉽고, 납득이 잘 된다. 그런 점에서 로직(logic, 논리)은 매직(마술)이다. 상대를 설득하는 마술이다. 그러면 논리의 마법사가 되기 위해서는 어떻게 해야 할까?

첫째, 글을 많이 써봐야 한다. 말은 두서없이 다짜고짜 할 수 있지만, 글은 그게 가능하지 않다. 순서에 입각해야 하고, 논거를 제시해야 한다. 글은 주장을 근거로 입증하는 과정이기 때문이다. 글을 많이 써보면 논리적으로 말할 수 있게 된다.

둘째, 3분 스피치를 권하고 싶다. 1분이나 2분도 상관없다. 시간을 정해놓고, 말하는 훈련을 해보자.

셋째, 글을 읽을 때 구조를 유심히 살핀다. 글 쓰는 사람은 어렴풋하게나마 개요를 짠다. 글의 설계도가 있다는 뜻이다. 글을 읽으면서 그 설계도, 즉 글쓴이의 전략을 간파해본다.

넷째, 몇 가지를 말할지 미리 생각해보는 것도 좋다. 나는 늘 미리 셈해본다. 말할 단어 몇 가지를 기억해둔다. 강의는 물론이고 방송에 출연하거나 일상적인 대화를 할 때도 그러는 편이다. 그래서 이 책에도 첫째, 둘째, 셋째 같은 단어가 많이 나온다. 말할 때 이렇게 하면 논리적으로 보인다.

하지만 논리적으로 말하는 것이 능사는 아니다. 논리보다 감정적, 인간적으로 접근하는 것이 설득에는 더 효과적이다. 아리스토텔레스는 설득 수단으로 로고스(logos), 파토스(pathos), 에토스(ethos)를 제시했다. 로고스는 논리적 설명, 파토스는 정서적 호소, 에토스는 인간적 신뢰를 의미한다. 그는 이 가운데 인간적 신뢰, 즉 에토스가 가장 중요하다고 했다.

결국 누가 말하느냐에 달려 있다. 말하는 사람 자체가 논리의 증거가 되면 동의나 설득은 절로 이루어진다.

숫자는 양날의 칼처럼 다룬다

　노무현 대통령 임기 후반으로 갈수록 연설문에 숫자가 자주 등장했다. 대통령은 늘 숫자로 말하고 싶어 했다. '경제가 어렵다', '민생이 파탄 났다'처럼 피상적으로 말할 것이 아니라 수치를 가지고 구체적으로 얘기하자고 했다. 성장률, 주가지수, 실업률, 수출증가율 등의 수치가 당시 정권에 꼭 유리하게만 작용하진 않았다. 불리하게 해석될 여지도 있었다. 지니계수와 같은 양극화 지수가 대표적이었지만, 그래도 피하지 않았다. 수치는 객관성이 생명이다. 자신에게 유리한 수치를 부각하고 불리한 것을 감추는 식으로는 객관성을 확보할 수 없다. 수치는 공정하고 투명하게 써야 비로소 힘을 발휘한다. 수치의 출처도 객관성에 큰 영향을 미친다. 신뢰할 만한 사람이거나 기관이어야 객관성을 얻는다. 요즘엔 신문이나 방송에 나왔다고 무턱대고 믿지 않는다. 인터넷에 떠도는 잘못된 수치 역시 너무 많다. 그래서 수치의 출처를 밝혀야 할 뿐만 아니라, 그 출처가 얼마나 믿을 만한지까지 증명해야 한다.

그러나 숫자의 활용은 근본적으로 주관적일 수밖에 없다. 수치에는 반드시 해석이 따른다. 숫자에 생명을 불어넣는 것은 해석이다. 수치가 의미를 갖기 위해서는 해석이 필요하지만, 해석하면서 아전인수와 견강부회가 일어나기 일쑤이므로 경계해야 한다. 여기서 팥이라 하면 저기서도 팥이고, 이곳에서 콩이라 하면 저곳에서도 콩이어야 한다. 그것이 수치의 위엄이다.

기왕에 숫자를 쓰려면 구체적으로 쓰는 게 좋다. 1만여 명이라고 말하는 것보다는 12,300명이 좋다. 서너 배보다는 350퍼센트라고 말하는 게 바람직하다.

수치가 힘을 가지려면 다른 수치와의 비교 및 대조가 필수다. 무엇과 비교하느냐에 따라 수치의 의미가 달라진다. 개발도상국과 비교할 것이냐, OECD 국가와 비교할 것이냐, 전년 대비로 할 것이냐 전년 동기 대비로 할 것이냐에 따라 수치가 갖는 의미는 전혀 달라진다.

수치는 생물과 같아서 추세를 봐야 한다. 점만 봐서는 안 되고 선을 봐야 한다. 오르고 있는지 내려가고 있는지, 확장되고 있는지 축소되고 있는지, 전반적인 흐름을 파악해야 한다. 그래야 그 연장선상에서 예측이 가능하다.

비중도 봐야 한다. 전체에서 차지하는 비중이 얼마인지 따져 봐야 그것의 중요성이나 필요성을 실감할 수 있다.

숫자가 말하는 사람의 무기로만 쓰이는 것은 아니다. 수치는 말의 신뢰를 높이기도 하지만 때로 쌓아둔 신뢰를 일순간 깎아먹기도 한다. 따라서 숫자를 사용하는 데 신중해야 한다. 우선, 자신 없는 숫자를 써서는 안 된다. 사람은 자신에게 유리한 숫자만 보려 하는데 그 점을 경계해야 한다. 역공을 당할 수 있다.

노무현 대통령은 임기 초반 대선자금 문제가 불거져 나오자 '상대 당 후보보다 10분의 1도 받지 않았으며, 그 이상을 넘으면 대통령직을 내놓겠다'고 공언했다. 나는 지금도 숫자를 언급한 것은 부적절했다고 생각한다. 상대 후보가 대선자금을 많이 썼다는 것은 삼척동자도 아는 일이었다. 인맥도 세력도 없던 노무현 후보에게 돈을 줄 사람도 많지 않았거니와 당내에서조차 일부 세력으로부터 따돌림을 받던 처지였다. 하지만 '10분의 1'이라는 숫자를 말하는 순간, 그 이상인지 아닌지를 두고 싸움판이 벌어졌다. 정치자금을 얼마나 많이 받았는지는 뒷전이고 온통 '10'이란 숫자에 초점이 맞춰져버렸다. 전략적 실패였다.

이처럼 숫자는 양날의 칼이다. 잘못 사용했다간 그 칼끝이 나를 향할 수 있음을 늘 염두에 두어야 한다.

기억에 오래 남는
말의 비밀

결혼한 분이라면, 혹시 주례사 내용을 기억하는가? 나는 '검은 머리가 파뿌리 되도록 살라'는 얘기 정도가 생각난다. 왜 주례사는 하나같이 잘 기억나지 않을까? 그토록 중요한 순간 듣는 이야기인데도 말이다. 주례사 특유의 격식과 나열 때문이 아닐까 싶다. 그렇다면 어떤 말이 기억에 잘 남을까? 두고두고 잊히지 않는 말이란 어떤 말일까?

나의 경우는 첫째, 이야기가 잘 잊히지 않는다. 어렸을 적 할머니에게 들은 이야기는 아직도 생생하다. 왜 그럴까? 이야기 안에는 주인공, 사건, 시간적 공간적 배경, 갈등과 절정, 교훈과 같이 기억하기 좋은 요소들이 망라되어 있기 때문이다. 그만큼

이야기는 오래 기억된다. 학교 다닐 적 수업시간에 배운 내용은 까먹어도 선생님이 해주신 첫사랑 이야기는 기억에서 지워지지 않는 것도 그런 이유에서다.

둘째는 잘 정리된 한마디 말이다. '무엇은 무엇이다'라는 식으로 단언하고 규정하는 말이다. 명언, 격언, 금언이 대표적이다. 이런 말들은 오랫동안 기억되고 회자된다. 우리는 단순명료한 것을 좋아하고, 좋아하는 것을 오래 기억한다. 이렇게 핵심을 요약해서 정의를 잘 내리는 사람이 있다. 쉽게 얘기해서, 제목을 잘 뽑는 사람이다. 그리고 첫째, 둘째, 셋째 등 몇 가지로 정리해준 말이 기억에 남는다. 김대중 대통령이 그랬다.

셋째는 오감을 자극하는 말이다. 머릿속에 그림이 그려지고 귀에 쟁쟁한 소리가 들리고 촉감이 느껴진다. 어렸을 적 아빠나 엄마 손을 잡고 갔던 대중목욕탕을 기억하는가? 그때 보았던 탕 안의 풍경, 메아리 같은 울림, 뜨거운 물의 감촉, 목욕 후에 마셨던 요구르트의 시원함이 기억나지 않는가? 이처럼 우리는 목욕탕을 오감으로 기억한다. 말도 마찬가지다. 오감을 자극하는 말이 기억에 남는다. 오감을 자극하려면 구체적으로 말해야 한다. 그냥 '밥 먹었다'고 하지 않고, '누구랑 어디서 무엇을 먹었고, 맛은 어땠고, 식당 분위기는 어땠고, 어떤 대화를 나눴으며, 그때 흐르는 음악은 무엇이었다'라고 말하는 것이다. 그러면 듣는 사람의 오감이 작동한다.

또한 예상치 못한 말도 기억에 남는다. 누구나 아는 뻔한 소리가 아니라 솔깃하고 귀가 번쩍 뜨이는, 의외의 반전이 있는, 어디에서도 들어보지 못한 말은 두고두고 잊히지 않는다. 충격적이고, 예상에서 빗나가고, 새로운 말은 오래 기억된다.

끝으로, 기억에 남는 또 한 가지 말은 내게 특별했던 사람의 말이다. 돌아가신 어머니가 했던 말이나, 내가 모셨던 노무현 대통령의 마지막 말이 그렇다. 결국 기억에 남는 말을 잘하려면 기억에 남는 사람이 되어야 하지 않을까.

레이건 대통령의
전략적 말하기

    대통령 연구 권위자인 프레드 그린슈타인 교수는 미국의 역대 대통령 가운데 가장 뛰어난 리더로 루스벨트와 케네디, 그리고 레이건을 꼽았다. 루스벨트와 케네디는 수긍이 가는데 레이건 대통령은 의외였다. 그린슈타인은 레이건의 뛰어난 소통 능력을 높이 샀다.

    1981년 레이건은 존 힝클리가 쏜 총에 맞아 병원에 실려 가는 와중에 아내에게 이렇게 말했다. "예전처럼 영화배우였다면 잘 피할 수 있었을 텐데……." 병원에 도착해서 간호사가 지혈하기 위해 그의 몸에 손을 대자 이렇게 말했다. "아내 낸시에게는 허락을 받았나요?" 수술실 의사에게 한 말도 걸작이다.

"당신들이 공화당원이면 좋겠네요." 이 모든 말들이 대통령 암살미수라는 대단히 심각한 상황에서 긴장된 분위기를 누그러뜨렸다.

죽음의 문턱에서도 여유를 잃지 않은 레이건에게 국민은 83퍼센트의 높은 지지율로 화답했다. 다음해 지지율이 다시 30퍼센트까지 떨어지자, 이를 걱정하는 참모진에게 그는 웃으며 말했다. "또 한번 총 맞으면 되지, 뭘!"

압권은 1984년 재선에 도전했을 때다. 민주당 후보 월터 먼데일은 TV 토론에서 레이건의 최대 약점인 73세 나이를 걸고 넘어졌다. 그러자 레이건이 이렇게 받아쳤다. "저는 이번 선거에서 나이를 이슈로 삼지 않겠습니다. 상대방이 너무 어리고 경험이 없다는 사실을 정치적으로 이용하지 않겠다는 뜻입니다." 이 한마디로 유권자들은 나이 문제를 잊었다.

많은 사람이 그를 유머감각이 뛰어났다고 평가한다. 혹은 영화배우 출신답게 연출을 잘했다고 평하기도 한다. 하지만 나는 그가 단지 유머감각이나 연출력이 좋았을 뿐이라고 생각하지 않는다. 전략적 발언에 능했다고 본다. 유머도 전략의 일환으로 쓰였을 뿐이다. 그를 보면서 전략적으로 말하는 것에 대해 생각하게 된다.

흔히 전략을 갖고 말하라고 하는데, 도대체 어떻게 하라는 것일까? 대통령이나 기업 회장은 고도의 전략을 갖고 말할까? 가까이에서 지켜본 바, 전략이 있으되 그리 거창한 것은 아니었다. 가장 기본적인 전략은 미리 생각하고 말하는 것이다.

"생각 좀 하고 말해라"라는 표현을 자주 쓰지 않는가. 그게 바로 전략적 말하기의 제1원칙이다. 내가 이렇게 말했을 때 상대가 어떻게 나올지, 이해 당사자들은 어떤 반응을 보일지, 말하고 나서 후회는 없을지, 오해하거나 곡해할 소지는 없는지, 언론은 어떤 제목으로 내 말을 받을지 등등 말의 미래를 미리 점쳐보는 것이다.

전략적으로 말한다는 것은 한편으로 뚜렷한 목적을 가지고 말한다는 뜻이기도 하다. 말을 통해 얻고자 하는 것을 정해놓는 것이다. 전략적으로 말하는 사람은 먼저 말하는 이유와 목적을 분명히 한다. 그리고 그 목적을 이루기 위해 어떻게 말할지 고민한다. 같은 말도 어떻게 표현하느냐에 따라 좋은 결실을 맺기도 하고, 하나마나한 결과를 낳기도 하기 때문이다.

목소리도
가꿔야 한다

나는 내 목소리가 영 마음에 들지 않는다. 어눌하고 듣기에 어색하다. 지금은 그래도 많이 나아진 편이다. 전에는 사투리 억양이 훨씬 심했다. 어쩌다 내 목소리가 나오는 방송을 듣게 되면 소스라치게 놀라 다른 데로 돌리곤 했다. 마치 유리창을 손톱으로 긁는 소리처럼 듣기 싫었다. 얼마나 싫었으면, 목소리 교정 학원까지 다녔다. 그 덕에 조금은 나아졌다. 더불어 좋은 목소리가 갖춰야 할 요소가 참 많다는 걸 배웠다.

우선, 발성이 좋아야 한다. 말의 높낮이와 강약은 발성으로 조절된다. 타고난 목소리는 어쩔 수 없지만, 발성은 호흡 훈련으로 나아질 수 있다.

발음은 알아듣기 좋아야 한다. 복화술하듯 웅얼웅얼하지 않고 입을 크게 벌리고 또박또박 말해야 한다. 이 또한 연습하면 얼마든지 좋아진다.

억양은 리듬감이 있으면 좋다. 그래야 생생하게 들린다. 밋밋하게 말하면 지루하고 집중력이 떨어진다. 목소리 톤은 높고 경쾌하게 할 수도 있고, 낮고 차분하게 할 수도 있다.

목소리 크기도 중요하다. 목소리가 작으면 듣는 사람이 선택권을 갖게 되고, 목소리가 크면 말하는 사람이 주도권을 쥐게 된다고 하지 않는가. 모기 소리처럼 작게 말하면 들을지 말지를 듣는 사람이 선택하게 되지만, 크게 말하면 듣기 싫어도 들어야 하기 때문이다. 그렇다고 무조건 우렁차게 말하는 것도 능사는 아니다. 듣는 사람을 편안하게 해줘야 한다. 어르신들께는 큰 소리로 천천히 말해야 한다. 반면 연인과는 나긋나긋하게, 친구들과는 작은 소리로 빨리 말해도 충분히 알아듣는다.

목소리가 좋으면 전달력도 좋다. 신뢰감과 호감을 주기도 한다. 목소리 좋은 남자 배우를 보면 같은 남자 입장에서도 매력적이다.

목소리도 자주 들여다보고 가꾸어야 한다. 자기 얼굴은 늘 들여다보지 않는가. 몸매가 마음에 들지 않으면 다이어트도 하고 트레이닝도 받지 않는가. 그러면서 왜 유독 목소리는 외면

할까? 조금만 노력해보자. 조금만 더 신경 써보자. 작은 노력으로 큰 효과를 볼 수 있다.

첫째, 말하기 전에 준비운동을 해보자. 중요한 자리에 앞서 '아, 에, 이, 오, 우' 같은 입 운동을 하며 혀나 입술을 풀어주면 좋다.

둘째, 발음에 신경 쓰면서 또박또박 말하자. 글을 쓸 때 띄어쓰기에 신경 쓰듯, 말할 때도 딱딱 끊어서 말해보라. 야무지고 지적인 느낌을 준다. 듣는 사람도 알아듣기 좋다. 때때로 발음 연습도 해보자. 젓가락까지 물 필요는 없고, "간장공장 공장장은 간 공장장이고 된장공장 공장장은 장 공장장이다" 같은 문장 연습이면 충분하다.

셋째, 힘을 줘서 말한다. 끝을 흐리는 말씨나 혀 짧은 소리는 애교나 어리광을 부려야 할 때가 아니라면 넣어두시라.

7장

말보다 나은 삶을
살아갑니다

어쩐지 믿음이 가는
사람의 말

 어떤 사람 말을 들으면 믿음이 가고, 또 어떤 사람의 말은 그렇지 않다. 사실의 진위 여부를 떠나, 학식이나 배경과 상관없이 그렇다. 신뢰가 가는 사람의 말은 특징이 있다.

 먼저, 또박또박 말한다. 어절과 어절 사이를 끊어서 말한다. 구렁이 담 넘어가듯 어물쩍 말하지 않는다. 얼버무려 말하면 의뭉스러워 보인다. 뭔가 숨기는 게 있는 것처럼 보여 믿음이 가지 않는다. '그런 것 같으면서도 그렇지 않은 것 같기도……' 하면서 웅얼거리다가 '그래서 당신 의견이 뭐냐?'고 물으면 '다른 사람들은 이렇게 말한다'라고 하다가 결국 '잘 모르겠다'면서 쏙 빠지는 사람, 그런 사람의 말은 도무지 믿음이 가지 않는다.

둘째, 급하게 말하지 않는다. 떠오르는 대로 곧장 내뱉지 않고 잠시 생각한 뒤에 한 박자 늦춰 말한다. 답변도 한 템포 늦다. 말의 속도가 느려 답답하지만 진실해 보인다. 임기응변에 능한 사람을 보면 똑똑해 보이기는 하지만 진실해 보이지는 않는 것도 같은 맥락이다.

셋째, 과장하지 않는다. '정말, 진짜로, 되게, 완전, 대단히' 등을 남발하지 않는다. 또한 '믿지 못하겠지만', '어디 가서 내가 말했다고 하지 마시고' 등등 속된 말로 밑밥을 깔지 않는다. 곧바로 할 말을 한다. 자기 말에 자신이 있으며 책임질 용의가 있다. 말이 극단적이지도, 자기 확신에 빠져 있지도 않다. 객관과 주관이 공존하고, 중용을 지킨다.

그리고 또 하나, 자기 경험과 감정을 많이 이야기한다. 어디에서 듣거나 책에서 읽은 얘기보다는 자신이 직접 겪고 생각하고 느낀 내용의 비중이 높다는 뜻이다.

이 밖에도 부정적인 얘기보다는 긍정적인 말을, 뻔한 말보다는 알맹이가 있는 말을, 자신이 말하고 싶은 내용보다는 상대가 듣고 싶은 내용의 비중이 높다.

그리고 무엇보다, 말에 일관성이 있으며 말한 것을 실천한다. 백 마디 말 가운데 한 가지 말이 행동과 일치하지 않으면 사람들은 그 한 가지에 주목한다. 그리고 그것을 문제 삼는다.

사람은 누구나 자기 대들보는 못 봐도 남의 티끌은 잘 보는 법이다.

다 잘할 필요는 없다

요즘 들어 부쩍 말에 대한 관심이 높아졌다. 말 잘하고 싶다는 사람이 늘고, 말 잘하는 사람을 부러워한다. 말 잘하는 사람이 인기도 있다. 말하기에 관한 책들이 쏟아져나오고 베스트셀러가 되기도 한다. '침묵을 금'으로 여기던 시대는 가고, 사람들은 적극적으로 말을 공부하기 시작했다.

지금은 말로 먹고 살지만, 나는 말을 못하는 사람이었다. 과거형을 쓴 것은 지금은 잘한다는 뜻이다. 학교 다닐 적엔 친구들 대화에 끼고 싶었지만, 아는 게 없는 데다 자신이 없어 말 한마디 못했다. 친구들이 "늦었으니 이제 그만 집에 가자" 할 때면 허탈했다. '나는 한마디도 못했는데' 하는 마음에 집에 가는 발걸음이 헛헛하고 자괴감이 들기도 했다. 지금은 강연으로 돈도 벌고 명강사로 인기도 높으니 격세지감이요, 시대에 감사한 일이다. 그런데 나는 어쩌다 말을 잘하게 되었을까? 말을 잘한다는 것은 무엇이고 말을 잘하려면 어떻게 해야 할까?

청산유수로 달변인 사람이 말을 잘하는 것일까? 대개 이런 사람에게 '입심이 좋다', '말주변이 좋다'라고 한다. 그런데 이게 좋은 뜻이기만 할까? 그다지 긍정적인 의미만은 아닌 것 같다. 달변은 잘생긴 얼굴처럼 쉽게 질린다. 달기만 한 음식처럼 물린다. 달변가는 말 못하는 사람을 주눅 들게도 한다. 뭔가 부족한 사람에게 동정표를 주고 싶은 게 사람 마음이다. 딱히 잘생기지 않았는데 끌리는 사람이 매력적이다.

그렇다면 쉴 새 없이 떠들어대는 다변가를 말 잘하는 사람이라고 해야 할까? 이런 사람은 '말이 많다', '입만 살았다', '수다쟁이다'라는 소리를 듣기 십상이다. 주변 사람을 피곤하게 만들 수도 있다.

한 친구가 생각난다. 그 친구는 대화 자리에서 결코 튀는 법이 없다. 대화에서 소외된 사람을 티 나지 않게 배려한다. 그에게 묻고 대화로 끌어들이고 말할 기회를 준다. 말을 많이 하지도 않고, 목소리가 크지도 않다. 그러면서도 자연스럽게 대화를 이끌어간다. 나에게는 이 친구가 말 잘하는 사람이다.

말의 종류는 무수히 많다. 토론, 보고, 발표, 연설, 협상, 수다, 재담, 일상 대화에 이르기까지 다양하다. 또한 말하는 목적에 따라 사실과 정보를 전하는 말하기, 친교를 위한 말하기, 위로와 격려가 담긴 공감하는 말하기, 원인 분석과 문제 해결을 위한 말하기도 있다. 주도적으로 말할 수도 있고, 받쳐주고 띄워주는 보조적 말하기를 잘할 수도 있다.

하지만 여기서 분명히 짚고 가야 할 게 있다. 모든 말을 다 잘할 필요는 없다는 점이다. 나는 강의를 시작하면서 이렇게 다짐했고 여전히 되새긴다.

모든 말을 다 잘하려고 하지 말자.
그런 욕심을 내려놓자.
잘하는 걸 잘하면 된다.
잘하는 게 하나만 있어도 된다.
우선 잘하는 것부터 하고, 하나씩 넓혀가자.
하지만 잘하는 게 아무것도 없는 사람은 되지 말자.

말 잘하는 사람은 많다. 논리적으로 주장을 잘 펼치는 사람, 감성적인 말을 잘하는 사람, 비판적이거나 해학적인 말을 잘하는 사람, 지적으로 해박한 사람, 정곡을 잘 찌르는 사람, 설명을 잘하는 사람, 아니면 이야기나 잡담을 잘하는 사람이 있다.
  당신은 어느 유형인가? 조금이라도 잘하는 것을 더 잘해보자. 아무것도 잘하는 게 없는 사람은 없다.

말은 듣는
사람의 것이다

"가루는 칠수록 고와지고, 말은 할수록 거칠어진다"라는 말이 있다. 이 속담이 주는 교훈은 두 가지로 요약할 수 있다.

길게 말하는 걸 삼가고 많이 말하는 것을 경계하라는 뜻이 하나 있다. 어쩌고저쩌고 하는 말이 길어지면 오해를 불러일으키고 말다툼이 될 수 있으니 말을 아끼라는 의미다.

또 하나, 말은 이 사람 저 사람 옮겨갈수록 보태지고 사실과 다르게 해석돼 본뜻에서 멀어질 수 있으니 말을 전하는 데 주의를 기울이라는 의미도 있다. 말을 옮기는 데 신중해야 한다는 것이다.

방송에 나가 농반진반으로 '강석우 닮았다'라는 얘기를 했다가 본전도 못 찾은 적이 있다. 연애할 때 아내에게 들은 얘기인지라, 사실 어느 정도는 그런가 생각했다. 반응은 의외였다. 비난과 야유가 쏟아졌다. "네가 어떻게 강석우야. 네가 강석우면 나는 알랭 들롱이다"부터 브래드 피트, 주윤발까지 잘생겼다는 사람은 모두 소환되고 말았다.

이런 일도 있었다. 시사 프로그램에 나가 특정 정치인을 거명하면서 그분은 '찍새'였고, 내가 '딱새'였다고 말했다. '딱새'는 구두 닦는 사람을 이르는 말이고, '찍새'는 닦을 구두를 모아서 구두닦이에게 갖다주는 사람을 속되게 이르는 말인데, 이게 문제가 됐다. 우선, 찍새, 딱새란 속어를 쓴 게 화근이었다. 더 큰 문제는 그 정치인을 '찍새'로 폄하했다는 점이다. 그분을 믿고 따르는 이들이 벌떼같이 들고일어났다. '일은 네가 다 했고, 이분은 그런 허드렛일로 너를 거들기만 했다는 말이냐'라며 언짢음을 드러냈다. 결국 이분이 그 방송에 나가 내 말을 해명하면서 사건이 일단락됐다.

흔히 하는 말로 '생각은 자유'다. 그러나 그것이 말로 나오는 순간 이미 나의 것이 아니다. 말을 듣는 엿장수 마음대로다. 엿장수는 마음에 들면 더 줄 수도 있고, 그렇지 않으면 야박하게 가위질할 수도 있다. 말은 듣는 사람이 주도권을 쥔다. 어떤 말을 했느냐가 아니라 어떻게 들었느냐가 중요하다.

"병은 입으로 들어가고 화는 입에서 나온다"라고 한다. 강의를 할 때면 늘 살얼음판을 걷는 심정이다. 말로 하는 일이기 때문이다. 언젠가 말의 지뢰를 밟거나 말의 덫에 걸려 넘어질 것이라고 예감한다. 그래서 조심하고 또 조심하지만, 이 또한 내 의지와 노력으로 되는 일은 아니다.

말로 흥한 자 말로 망한다고 하는데, 말을 안 할 수는 없는 노릇이니, 살면서 어쩔 수 없이 겪게 되는 일이 말로 인해 곤욕을 치르는 일 아닐까 싶다. 정신 바싹 차리고 말조심하는 수밖에.

버릇처럼 하는 말이 삶을 바꾼다

우리는 누군가를 만나고 나서 그 사람에 대해 이러쿵저러쿵 평을 한다. "지난번에 만났던 그 친구는 어쩐지 호감이 가던데?", "저 사람은 되게 까칠한 것 같아" 하는 식이다.

이런 평가는 그 사람의 인상에서 온다. 그렇다면 인상은 무엇에 영향을 받을까? 외모나 행동, 옷 입는 스타일 등 여러 가지가 있겠지만, 무엇보다 말버릇이 결정적인 영향을 미친다.

말버릇은 여러 번 거듭하다 보니 몸에 밴 어투다. 자신도 모르는 사이에 입에서 나오는 습관 같은 것이다. 흔히 '아 다르고 어 다르다'고 한다. '벌써 쉰이 되었다'고 말하는 것과 '아직 쉰 살밖에 되지 않았다'고 말하는 것에는 큰 차이가 있다. 별생각

없이 나오는 말이지만, 이런 한마디 한마디가 타인의 기억에 내 인상을 각인하는 요인이 된다. 한 사람의 이미지를 좌우하는 것이다.

말버릇이 좌우하는 것은 인상만이 아니다. 인생마저 좌우한다. 우리는 말하는 대로 살게 되기 때문이다.

각자가 지닌 지문이나 목소리 성문(聲紋)같이, 사람마다 갖고 있는 고유의 말 습관을 언어학자 소쉬르는 '심층언'이라고 했다. 마음 깊은 곳에서 자신도 모르게 튀어나오는 이런 심층언에 둘러싸여 살다 보면 실제로 그 말과 같은 사람이 되는 경향이 있다고 한다.

즉 습관적으로 부정적인 말을 하면 삶도 힘들어질 수 있다. '죽겠다'라는 말을 입에 달고 사는 사람의 일상이 즐거울 리 없고, 즐겁지 않은 삶 속에서 밝은 미래를 기대하기란 어려운 일이다.

우리 뇌는 실제와 상상을 구분하지 못한다고 한다. 말로 상상하면 뇌는 그 말을 사실로 받아들이고 현실을 그렇게 만들어간다는 것이다. 그러므로 나쁜 말버릇대로 살고 싶지 않으면 말 습관을 고쳐야 한다.

그런데 나부터도 내 말버릇이 어떤지, 어떤 말 습관을 가지고 있는지 잘 알지 못한다. 아니, 별로 인식해본 적이 없다. 방송에 나가서 한 말을 모니터해보려 해도 손발이 오글거려서 듣고 있기 어렵다. 그래서 하루는 작정하고 내 말 습관을 돌이켜 보았다.

그러고 보니, 내게도 말버릇 비슷한 것이 있었다. 어떤 일을 시작할 때면 늘 "반드시 방법이 있어"를 되뇐다. 일을 하는 과정에서도 "아니면 말고"를 외치고 부르짖는다. 그러다 일이 잘못됐을 때는 이렇게 말한다. "어쩔 수 없지, 다음에 잘하면 돼." 이런 말들이 남들에게 어떻게 비칠지는 모르겠지만, 내 삶에 큰 영향을 끼치고 있다는 것만큼은 확실히 안다.

내 평판 혹은 내 삶이 왠지 꼬이는 것 같고 마음에 들지 않는다면 나의 말버릇을 되돌아보면 어떨까. 나는 '반밖에 남지 않았다'고 말하는 사람인가, '반이나 남았다'고 말하는 사람인가.

말 습관이 바뀌면 인상이 바뀌고 인생이 바뀐다.

유튜버가 될 수 있는가

 청와대를 나와서 6개월간 논 적이 있다. 놀고 싶어서 논 게 아니라 찾아주는 데가 없었다. 더욱이 당시는 2008년 세계 금융위기 국면이라 언제 다시 일을 할지 기약할 수도 없었다. 세상이 나를 필요로 하지 않을지도 모른다는 생각이 들면서, 실업률이 급증한다는 뉴스에 공포를 느끼기도 했다.

 낮에 집 밖에 나가는 걸 삼갔다. 놀고 있다는 걸 동네 사람들에게 들키기 싫어서였다. 꼭 나가야 할 일이 있으면 12시 전후해서 나갔다. 직장인이 점심시간에 밥 먹으러 나온 것처럼 말이다. 지금 생각하면 왜 그랬나 싶다. 요즘이라면 다르게 행동했을 텐데 말이다.

이제는 직장이 아니라 직업을 가져야 하는 시대라고 한다. 아니, 직업이 아니라 생업이 필요하다고 한다. 당장은 아닐지라도 머잖아 그렇게 되지 않겠는가. 매일 아침 출근하는 직장이 없어도 밥 먹고 살 수 있는 시대가 오고 있다. 어쩌면 이미 와 있는지도 모른다. 유튜버들을 보면 그렇다.

요즘은 만나는 사람마다 "나도 유튜브나 할까 봐" 한다. 좋은 생각이다. 유튜브는 아무나 한다. '당신(You)이 브라운관(Tube)'이라는 뜻이니, 누구나 도전할 수 있다.

아무나 유튜버가 될 수 있지만 제대로 하려면 두 가지가 있어야 한다. 콘텐츠와 스토리다. 내가 남보다 잘 알거나 잘할 수 있는 주제, 즉 콘텐츠가 있고, 남다르게 살아온 경험, 다시 말해 나만의 스토리가 있으면 된다. 유튜버는 이 두 가지를 씨줄과 날줄로 엮어 말하는 사람들이다. 앞으로 더 큰 온라인 세상이 열리면 직장도 학교도 그 안으로 들어가게 되고, 직장과 직업이 있는 사람들도 유튜버처럼 일해야 할지 모른다. 모두가 피디나 배우, 작가는 아니지만, 누구나 그들처럼 유튜브 안에서 피디와 배우와 작가로 살 수 있는 시대가 다가오고 있다.

더구나 이제는 오래 산다. 설시 직장에서 정년까지 버틴다 하더라도, 직장을 나와 수십 년을 더 살아야 한다. 직장인도 직업인도 아닌 상태로 50년을 넘게 살아야 할지도 모른다. 무얼

하며 살 것인가? 말하면서 살 수밖에 없다. 말하며 살기 위해 콘텐츠와 스토리가 있어야 한다.

좀 더 구체적으로 말하자면 특정 주제에 관해 10시간 정도는 말할 수 있어야 한다. 그게 책 한 권 분량이다. 책 한 권 정도는 쓸 수 있는 자기만의 콘텐츠와 스토리가 있어야 한다는 얘기다. 그 정도 되면 사람들이 "그 분야에 관해서는 그 사람이 최고다", "그 친구는 그 분야에 꽂혀 있는 사람이다"라고 말한다. 그 분야에 관한 그만의 전문성을 인정해주는 것이다. 스스로도 그것을 말할 때 가장 즐겁다. 그 분야라면 누구보다 자신 있게 말할 수 있다.

바로 그런 사람이 되는 것, 그것이 미래를 준비하는 길이 아닐까? 누구보다 자신 있게 말할 수 있는 나만의 콘텐츠와 이야기를 갖는 것. 달라진 시대, 긴 인생을 살아가기 위한 전략 중 하나다.

이 하루가 고맙지 않을 이유가 없다

나이를 먹어가면서 버릇이 하나 생겼다. 감사하는 버릇이다. 요즘에는 감사를 입에 달고 산다. 하루하루가 감사할 일투성이다.

코로나19 때문에 강의가 다 끊긴 후 어느 달에는 건강보험료만큼의 수입도 없었다. 하지만 그 덕분에 이 책의 원고를 쓸 여유가 생겼다. 코로나 사태가 없었다면 연일 계속되는 강연으로 원고 쓰는 일은 엄두도 내지 못했을 것이다.

돌아보면 어머니가 일찍 돌아가신 것도 슬프기만 한 일은 아니다. 그 뒤로 나는 눈치를 심하게 보는 사람으로 성장했고, 그런 눈치 덕분에 직장생활을 잘할 수 있었다. 어머니가 내게 주신 마지막 선물이었던 셈이다.

그뿐인가. 청와대에서 일할 때 생긴 과민성 대장증후군으로 지금도 고생하고 있다. 매일 약을 먹어야 할 만큼 알레르기도 심하다. 과민성 대장 증세와 알레르기 모두 생활에 지장을 줄 정도로 고통스럽지만, 노력한다고 고쳐지는 병이 아니다. 오히려 이를 감사하게 받아들이기로 마음먹었다. 민감한 장 때문에 늘 준비하며 사는 습관이 생겼고, 알레르기 증세가 가라앉는 평온한 시간이 오면 집중해서 해야 할 일을 처리하는 능력이 생겼다고 말이다.

이 모두가 얼마나 감사한지 모른다. 오늘 하루가 또 내게 주어진 것도 감사하고, 얘기 나눌 친구와 가족이 있는 것도 감사한 일이다. 식사할 때마다 밥을 차려준 손길에 감사하고, 버스나 지하철을 탈 때마다 이를 위해 수고하는 분들께 감사하고, 화장실에 갈 때마다 그곳을 깨끗하게 청소해주는 분들께 깊은 감사의 마음을 느낀다.

"감사합니다", "고맙습니다"라는 인사를 입에 달고 살아보자. 가까이 있는 사람에게 감사의 뜻을 전하고, 감사의 눈으로 보면 모든 게 고마울 뿐이다.

고맙다는 말은 그 말을 듣는 사람을 기분 좋게 하고, 그렇게 말하는 자신의 마음도 따뜻하게 만든다. 미움과 원망과 불평이 가져오는 해악을 생각해보면, 감사하지 않을 이유가 없다.

  나는 오늘도 이렇게 말한다. "빈손으로 태어나 무어라도 가졌으니 감사합니다. 무엇보다 지금 이렇게 살아 있어 감사합니다."

혼잣말은 힘이 세다

요즘 이곳저곳에서 혼잣말을 하는 사람이 많아졌다. 카메라를 보고 혼자 말하는 영상을 온라인에 올리는 사람도 많고, TV에서도 나 홀로 중얼거리는 프로그램이 인기를 끌고 있다. 그야말로 혼잣말 전성시대다. 예전에는 주변에서 이런 사람을 보면 이상하게 여겼다. 중얼중얼하거나, 구시렁대는 모습이 그다지 좋은 인상은 아니었다. 그러나 지금은 다르다. 혼잣말에 대한 재해석이 필요한 세상이다.

고등학교 시절, 화장실에 가서 용변을 볼 때마다 '저는 무슨 대학 무슨 과에 다니는 누구입니다'를 중얼대곤 했다. 어느 날부터 그랬는지 모르지만, 이상하게 화장실에만 가면 남이 알아듣지 못할 정도의 작은 목소리로 혼잣말을 했다. 그리고 그때의 혼잣말은 현실이 되었다.

요즘에도 혼잣말을 한다. 매일 아침 반신욕을 할 때마다 '나는 10권의 책을 쓰고 100만 부를 팔 것이다. 글쓰기나 말하기 하면 가장 먼저 떠올리는 사람이 될 것이다'를 중얼기린다. 혼잣말이 성취를 위한 통로가 되었다고나 할까.

내게 혼잣말은 자신감을 불어넣는 도구이기도 하다. 글을 쓰기 전에는 늘 속으로 되뇐다. '쓸 수 있어. 지난번에도 썼잖아. 이번에도 써지는 순간이 올 거야'라고 혼잣말을 하고 나면 조금 더 자신감이 생긴다. 자기암시효과다.

혼잣말은 또한 나를 향한 다짐이기도 하다. 아침에 하루 일과를 시작하며 내게 말을 건넨다. '오늘 뭐 할 거야?', '이것과 이것 할 건데', '할 수 있지?', '응, 해야지. 할 수 있어. 할 거야'라고 말이다.

글을 쓰는 것도 사실은 독백하는 시간이다. 머릿속에 독자를 앉혀놓고 그 사람에게 말한다. 글 쓰는 내내 입속말로 중얼댄다. 소리는 내지 않지만 속으로 말한다. 연극배우가 모놀로그를 하듯 말이다.

강의나 발표를 앞두고도 산책을 하며 혼잣말을 한다. 실제상황 그대로 모의훈련을 한다. 시간이 없을 때는 행사장으로 운전하고 가면서 웅얼웅얼 말해본다. 언젠가는 강의장 인근 카페에서 혼자 그러고 있었더니 옆자리 사람이 힐끗힐끗 쳐다본 적도 있다.

혼잣말에는 감정치유 효과도 있다. 후회되거나 미련이 남는 일이 있으면 이렇게 혼자 말한다. '안 하길 잘했어. 역량도 안 되는데 했다가 잘못되면 어쩔 뻔했어. 내가 할 수 있는 일이었는데 아쉽게 놓친 거라면 다시 기회가 올 거야.' 이런 말들로 다독이고 나면 훌훌 털리고 마음이 풀린다.

우리가 흔히 말하는 자기성찰이란 것도 내면의 나와 대화하는 것이다. '이렇게 하는 게 맞아? 그리하면 누구는 이런 영향을 받을 텐데. 그러면 그가 나에 대해 어떻게 생각할까?' 이런 식으로 말이다. 이런 혼잣말을 이상하게 생각하지 않는다면 지금 한번 시작해보라. 자기와의 대화, 많을수록 좋다.

독서와 말하기는
한몸이다

중학교 시절, 시인인 이모부 댁에 머문 적이 있다. 이모부 서재에서 많은 책에 둘러싸여 자고 일어난 어느 날, 한국중단편소설전집이 눈에 띄었다. 우연히 집어 든 책 한 권이 하필 어찌나 야하던지. 그때부터 수천 권의 책 중에 야한 대목을 찾는 작업에 착수했다. 제목과 목차를 보기 시작한 것이다.

고등학교 시절에는 고모 댁에서 1년 정도를 지냈다. 고모 댁은 전주에서 가장 큰 서점이었고, 그 건물 맨 위층이 살림집이었다. 밤 10시 넘어 문을 닫으면 1, 2층 서점에 내려가 홀로 마음껏 책을 읽었다. 나 혼자 독차지한 그 공간에서 은은히 풍겨오는 책 내음에 나는 가슴이 쿵쾅쿵쾅 뛰었다. 지금도 대형서

점에 가면 입구에서부터 그 시절 그 느낌을 맛본다.

이때부터 책의 목차를 먼저 보는 버릇이 굳어졌다. 요즘도 온라인 서점에서 목차 보기를 즐긴다. 목차를 보면서 내용을 상상한다. 마치 예고편을 보면서 영화 내용을 짐작하듯 말이다.

이렇게 숲 전체의 지형을 먼저 읽는 방식이 말하기에 도움이 된다. 말을 하는 데는 목차와 같은 이정표가 필요하기 때문이다. 목차는 전체 내용을 말하기 좋게 요약해준다. 독자가 상상력을 발동해 살을 붙일 수 있도록 뼈대만 앙상하게 발라내 친절하게 보여준다.

목차를 보는 것과 함께 말하기에 도움이 되는 독서가 또 하나 있다. 이는 김대중 대통령에게 배운 방법이다. 김 대통령은 책에서 한 꼭지를 읽으면 다음 꼭지로 넘어가기 전에 반드시 하는 일이 있다고 했다. 그 꼭지를 읽으며 무엇을 얻었는지 생각해보는 것이다. 모르던 걸 알게 된 부분이 있는지, 읽으면서 떠오른 생각이나 인상 깊은 구절은 무엇인지 되뇌어보고, 떠오르는 게 없으면 책을 덮고 생각이 날 때까지 읽은 내용을 곱씹었다고 한다. 독서가 말하기에 도움이 되려면 이 과정이 꼭 필요하다. 곱씹는 과정은 읽은 내용을 내 것으로 만드는 일인 동시에 내 생각을 소리 없이 말해보는 과정이기 때문이다.

말을 잘하기 위해서는 책을 읽으면서, 또 읽고 나서 해야 할 일이 있다. 읽으면서 메모하고, 읽고 나서 누군가에게 말해보는 것이다. 이 두 가지를 할 때 독서는 명실상부한 말하기 훈련이 된다.

  이밖에도 독서를 하면 얻는 게 많다. 말할거리를 얻을 수 있고, 책을 읽으면서 어휘력과 스토리텔링 능력을 키울 수도 있다. 다만 말할거리를 얻기 위해서는 메모해야 하고, 어휘력과 스토리텔링 능력을 키우기 위해서는 저자가 쓴 단어와 글의 구성에 주목하며 읽어야 한다. 메모하지 않거나, 내용을 파악하는 데만 몰두해서 읽으면 말하기에는 큰 도움이 되지 않는다.

변화하는 세상의
화법을 주시하라

코로나 시대 이전부터 우리는 이미 비대면 소통으로 전환하고 있었다. 젊은 세대는 직장 회식을 반기지 않는다. 반기지 않는 정도가 아니라 싫어한다. 모여서 단합을 다지는 것에 질색한다. 직접 만나는 대신 전화를 하거나 톡으로 대화하기를 원한다. 코로나19가 아니더라도 이런 비대면 소통은 심화되었을 것이다.

코로나 시대 소통의 특징은 무엇일까? 역설적이게도 말하기와 글쓰기의 중요성은 더 커졌다. 직접 만나 대화하면 공간의 분위기나 비언어적 표현이 말의 맥락을 만들어준다. 시시콜콜 얘기하지 않아도 알아듣는다.

대면 강연에서도 그런 도움을 받는다. 말 이외에도 통하게 만드는 그 무엇이 있다. 하지만 요즘같이 비대면 강의를 하면 몇 배는 더 힘이 든다. 오로지 말만으로 내용을 전달해야 하기 때문이다. 말을 더 잘해야 하는 시대가 되었다.

글쓰기의 중요성도 커졌다. 구두 보고가 서면 보고로 대체되고 있다. 한두 마디로 가볍게 얘기하면 될 일을 열 줄의 메일이나 문자메시지로 써야 한다. 글 쓸 일이 더 많아진 것이다.

코로나 시대의 소통에서 가장 큰 특징은 개별화다. 직장이나 학교에 가서 회의하고 수업을 들을 때는 집단에 묻어갈 수 있었다. 그러나 이제는 다르다. 모두가 한 사람 한 사람으로 존재한다. 줌으로 강의를 해보면 각각의 얼굴이 화면에 등장한다.

대면 강연을 할 때는 강연장 안에 강사와 수강자만 있었다. 이때 수강자는 한 묶음이었다. 비대면 강의에서는 그렇지 않다. 누가 졸고 있으면 모두가 안다. 강사가 질문을 하라고 하면 각자가 당사자가 된다. 숨어 있을 수가 없다.

앞으로는 직장에 나가지 않아도 일할 수 있다. 특정 장소로 출퇴근할 필요가 없다는 뜻이다. 어디를 다니면서 매일 출근하고 퇴근한다는 건 다니는 곳에 얽매이는 것이다. 나는 없고, 다니는 곳이 나의 정체성이다. 나의 역량과 재능을 다니는 곳에서만 썼다. 그리고 다니는 곳에서 보수를 받았다. 그곳에 다니는 여러 사람 가운데 한 사람으로 존재했다.

코로나19 이후로 많은 것이 바뀔 것이다. 아니, 이미 바뀐 것도 많다. 굳이 어디에 나가지 않아도 된다는 것을 알아버렸다. 그것에 이미 익숙해졌다. 집에서 일도 하고 공부도 할 수 있다.

다니지 않는 삶의 장점도 맛보았다. 만나서 감정적 교류를 할 필요도, 그로 인한 스트레스를 겪을 이유도 없다. 길에서 오가던 시간을 나를 위해 쓸 수 있다. 무엇보다 내가 가진 재능과 기술을 여러 곳에 팔 수 있다. 역량이 출중한 사람은 스스로 팔 곳을 선택할 수도 있다. 그리고 이곳저곳에서 더 많은 돈을 받을 수 있다. 이미 유튜버들이 그걸 보여주고 있다. 초등학생 다수가 유튜버를 꿈꾸는 현실이 우리의 미래를 가늠하게 한다.

비대면 소통은 이제 거스를 수 없는 대세가 됐다. 빨리 적응해야 한다. 아니 활용해야 한다.

PC가 처음 도입됐을 때, 스마트폰이 처음 나왔을 때 나는 망설였다. 이러다 말겠지, 흘러가는 유행이겠거니 했다. 컴퓨터 대신 원고지에 글 쓰는 걸 고집했고, 최근까지도 유선 전화를 사용했다. 그만큼 뒤처졌고 손해 봤다. 이번에는 그런 우를 범하지 않으리라.

말공부도
예습 복습이 필요하다

학교 다닐 적 공부 잘하는 비결을 물어보면 "예습 복습만 충실히 했다"는 친구가 한둘은 있었다. 특히 대학 입학시험 전체 수석이나 만점자들이 주로 많이 했던 말이다. 성적이 오르지 않아 고민하는 사람들을 맥 빠지게 하는 말이기도 하다. 왠지 얄밉게 느껴지지만, 공부 잘하는 왕도인 것만은 맞는 것 같다.

대통령 연설문을 쓸 때도 그랬다. 크게 두 부류가 있는데, 마감 직전까지 미루다가 벼락치기를 하는 사람이 있는가 하면, 하루하루 일정 분량씩 야금야금 쓰는 이들도 있었다. 나는 벼락치기 과였는데, 늘 불안과 초조 속에 살다가 마감 하루 전날이면 공포감을 느꼈다. 그에 반해 매일 일정 분량씩 쓰는 사람들은 얼굴이 편안했고 결과도 좋았다.

말하기도 그렇다. 예습, 복습이 필요하다. 대통령이나 회장을 모실 때 그분들 앞에 서면 늘 말을 못 하다가도 내 자리로 돌아오는 길에 할 말이 떠오르곤 했다. '아, 이렇게 말했으면 됐는데……' 하고 뒤늦게 후회하고 자책했다. 그럴 때마다 '다음에는 꼭 말해야지' 하고 다짐했다. 이제와 생각해보니 이런 과정이 말을 잘하는 데 도움이 됐다. 한 말을 복습하고 다음 말을 예습한 셈이기 때문이다.

나는 요즘 잠들기 전에 본격적으로 예습을 한다. 먼저, 다음 날 일정을 떠올려본다. 점심 약속이 있으면 그때 무슨 말을 할지 미리 궁리하고, 강연이 잡혀 있으면 전체적인 흐름을 되뇌어본다. 편안한 마음으로 내일 일정을 준비하는 시간이 즐겁다. 또 다음 날을 준비하는 데 이보다 더 중요한 일은 없다. 그 외에 또 한 가지 말을 복습하는 방법은 강연이나 연설, 혹은 방송이 있을 때 아내에게 피드백을 요청하는 것이다. 아내가 아니더라도 친구나 주변 사람에게 부탁하면 된다. 사실 남에게 부탁할 필요도 없다. 촬영이나 녹화가 얼마든지 가능하기에 스스로 모니터링하면 된다.

살다 보면 말이 필요 없는 자리는 없다. 모든 일정과 약속이 말의 시험장이다. 그렇기에 예습과 복습은 말공부에도 필요하다. 특히 대통령이나 회장은 식사 자리건 회의 자리건 접견 자리건 간에 말을 준비한다. 그런데 사람들 대부분은 그렇게 하지 않는다. 최소한의 노력도 없이 대화나 협상이 잘 풀리기를 바란다. 요행을 바라는 셈이다. 예습, 복습을 충실히 하면 말하기의 두려움에서 벗어날 수 있다. 아니, 예습과 복습이야말로 말을 잘할 수 있는 거의 유일한 방법이자 왕도가 아닐까 싶다.

에필로그
말공부에는 마침표가 없다

　의욕은 언제 샘솟을까? 특히 직장이나 가정에서 일할 때 말이다. 어쩌면 "그런 적이 없다"고 대답할 사람도 있을 것이다. 의욕에 차서 일하기란 쉬운 일이 아니다. 하지만 의욕 없이 일을 잘하기는 어렵다.
　말하기도 그렇다. 말을 잘하고 싶은 의욕이 넘쳐야 한다. 그런 의욕을 고취하기 위해서는 무엇이 필요할까?
　첫째로는 말을 잘해야 하는 이유다. 나는 강의하기 시작하면서부터 말을 잘해야 하는 이유가 생겼다. 잘해야 하는 이유가 분명해지니 말을 잘하고 싶어졌고, 그러기 위해 노력하게 됐다. 강연, 즉 말하기가 밥벌이가 된 순간 말을 잘해야 하는 이유가 뚜렷해지고 의욕이 충만해진 것이다.

둘째로는 의미다. 말을 잘한다는 것의 의의나 가치가 무엇인가 하는 것이다. 사람은 가치를 추구하는 존재다. 재미있는 일에 잠시 빠져들 순 있어도 지속하긴 어렵다. 금세 싫증이 나고 회의에 빠지게 된다.

나에게 말하기는 여러 가지로 의미가 있다. 말하기는 소유가 아니라 공유다. 듣기가 남의 것을 내 것으로 만드는 일이라면, 말하기는 내 것을 남에게 베푸는 일이다. 또한 말하기는 소비가 아니라 생산이다. 내 말은 내 것이다. 내가 만들어 나눠주는 일이 말하기다. 내가 생산자가 된다. 그만큼 말하기는 가치 있는 일이다.

마지막으로, 말을 잘하고 싶은 의욕을 고취하는 것은 즐거움이다. 아무리 의미가 있고 말을 잘해야 하는 이유가 분명해도 즐겁지 않으면 소용없다. 말을 잘하려면 우선 말하는 게 즐거워야 한다.

내가 말하기를 통해 느끼는 가장 큰 즐거움은 바로 성장의 기쁨이다. 나는 나의 말을 늘 되돌아본다. 그리고 스스로 평가한다. 그러면 1년 전 말보다 지금 하는 말이, 어제 한 말보다 오늘 한 말이 나아져 있다.

심지어 하루 사이에도 말이 성장한다. 아침에 아내에게 한 말을 친구와 점심 먹으며 해보고, 또 저녁 모임에 나가 꺼내보면 아침보다 눈에 띄게 나아지는 걸 알 수 있다.

이렇게 말은 자라난다. 말이 자라나는 만큼 나 또한 무르익는다. 성장하고 성숙해지는 것, 이보다 더 큰 기쁨은 없다.

참고문헌

57p, 니코스 카잔차키스 지음, 이윤기 옮김, 『그리스인 조르바』, 열린책들, 2009

63p, 루쉰 지음, 이욱연 옮김, 『루쉰독본: 〈아Q정전〉부터 〈희망〉까지, 루쉰 소설·산문집』, 휴머니스트, 2020

79p 에릭 번 지음, 조혜정 옮김, 『심리 게임』, 교양인, 2009

133p, 장자크 상페 지음, 정장진 옮김, 『뉴욕 스케치』, 열린책들, 2018

155p, 조 내버로, 마빈 칼린스 지음, 박정길 옮김, 『FBI 행동의 심리학』, 리더스북, 2010

214p, 나태주 지음, 『가장 예쁜 생각을 너에게 주고 싶다』, 알에이치코리아, 2017

222p, 말콤 글래드웰 지음, 이무열 옮김, 『블링크』, 김영사, 2020

강원국의 어른답게 말합니다

초판 1쇄 발행 2024년 11월 8일
초판 3쇄 발행 2025년 8월 25일

지은이 강원국

발행인 윤승현 **단행본사업본부장** 신동해
편집장 김경림 **책임편집** 송보배
표지 디자인 이효진 **본문 디자인** 최희종 **교정교열** 최형연 최서윤 강진홍
마케팅 최혜진 이인국 **홍보** 반여진 허지호 송임선
국제업무 김은정 김지민 **제작** 정석훈

브랜드 웅진지식하우스 **주소** 경기도 파주시 회동길 20
문의전화 031-956-7358(편집) 031-956-7089(마케팅)
홈페이지 www.wjbooks.co.kr
인스타그램 www.instagram.com/woongjin_readers
페이스북 www.facebook.com/woongjinreaders
블로그 blog.naver.com/wj_booking

발행처 ㈜웅진씽크빅
출판신고 1980년 3월 29일 제 406-2007-000046호
ⓒ 강원국·김진이·KBS, 2021, 2024
ISBN 978-89-01-29012-6 (03190)

웅진지식하우스는 ㈜웅진씽크빅 단행본사업본부의 브랜드입니다.

이 책은 KBS 1라디오 〈강원국의 말 같은 말〉을 바탕으로 기획 및 집필되었습니다.
이 책의 저작권은 KBS미디어㈜를 통해 강원국, 김진이, KBS와 저작권 계약을 맺은
㈜웅진씽크빅에 있으며, 저작권법에 의해 한국 내에서 보호를 받는 저작물이므로
무단전재와 무단복제를 금합니다. 책 내용의 전부 또는 일부를 이용하려면 반드시
저작권자와 ㈜웅진씽크빅의 서면 동의를 받아야 합니다.

- 책값은 뒤표지에 있습니다.
- 잘못된 책은 구입하신 곳에서 바꾸어 드립니다.

2000년생이 온다

2000년생이 온다

초합리, 초개인, 초자율의
탈희사형 AI인간

임홍택 지음